自然保护区旅游地学资源
保护性开发研究

梅　燕　著

科学出版社
北　京

内 容 简 介

本书以生态文明和可持续发展观为指导，在理论上论证自然保护区保护性开发的必要性，并指出生态旅游是自然保护区保护性开发的重要途径。阐明在自然保护区保护性开发这个复杂而庞大的系统过程中，保护、开发与管理三大系统及其内在的十二项重要结构要素的关系，提出保护性开发主体变化的"1+X"模式。通过对对海子山国家级自然保护区的基础研究，归纳总结了海子山旅游地学资源的类型，共划分出 5 个主类，16个亚类。

本书适合从事生态旅游、旅游规划、生态环境建设与恢复等研究和实践的从业人员阅读；也可供相关专业的高校师生使用。

图书在版编目(CIP)数据

自然保护区旅游地学资源保护性开发研究 / 梅燕著. — 北京：科学出版社，2016.8

ISBN 978-7-03-049580-8

Ⅰ.①自… Ⅱ.①梅… Ⅲ.自然保护区-旅游地学-旅游资源开发-研究-四川 Ⅳ.①F592.771

中国版本图书馆 CIP 数据核字（2016）第 190843 号

责任编辑：张 展 / 责任校对：陈 靖
责任印制：余少力 / 封面设计：墨创文化

科 学 出 版 社 出版

北京东黄城根北街16号
邮政编码：100717
http://www.sciencep.com

四川煤田地质制图印刷厂印刷

科学出版社发行 各地新华书店经销

*

2016 年 8 月第 一 版 开本：B5（720×1000）
2016 年 8 月第一次印刷 印张：8 1/2
字数：150 千字
定价：69.00 元

前　　言

　　自然资源和生态环境是人类赖以生存和发展的基本条件。建立自然保护区已成为世界各国保护自然资源和生态环境的主要方法和手段。目前，我国自然保护区的建设已进入数量型向质量型转变的关键时期，面临着新的机遇和挑战。地质背景是生态环境的载体，生态环境是地质背景的屏障。目前国内对自然保护区的保护，要么是立足于地质背景对生态环境的保护，要么是直接针对地质遗迹的保护。21世纪，旅游业进入了生态旅游的新时代，自然保护区的生态环境与地质环境密切的关联性已引起业界的极大重视。自然保护区的旅游地学问题研究，必将成为旅游地学研究和自然保护区研究的一个新领域。

　　海子山国家级自然保护区地处四川省甘孜藏族自治州理塘和稻城县内，以高寒湿地生态系统为主要保护对象，境内有第四纪末次冰川遗迹——稻城古冰帽和四川省第三高峰——格聂山。海子山自然保护区的旅游地学资源丰富而独特，具有极高的科考和保护开发价值。海子山自然保护区地处我国最贫困的地区之一，面临着保护与贫困的矛盾，面临着保护与开发的矛盾。海子山自然保护区现在所面临的问题在全国保护区中具有普遍性，很具有代表意义。因此，对海子山自然保护区的旅游地学资源的保护与开发问题进行研究，是一个具有理论和现实意义的重要研究课题。

　　该书的研究共分为三部分。第一部分是对自然保护区的保护性开发进行理论的研究，强调旅游地学研究对自然保护区保护与开发的重要意义，从理论上提出自然保护区"保护、开发、管理"三位一体的保护性开发新模式。

　　第二部分是对海子山国家级自然保护区进行基础研究，特别是旅游地学资源的研究，系统地分析海子山自然保护区的区域地质背景和地理环境，并从地质成景和生态成景两方面分析海子山旅游地学资源的成景机理。该书对海子山自然保护区的旅游地学资源的重点部分——地质遗迹景观进行详尽研究，包括全面系统地研究海子山自然保护区的地质遗迹景观的分类，全面深入地研究保护区的典型地质遗迹景观——古冰帽遗迹景观，详细阐述本区30个古冰帽遗迹的地理分布和景观特征，并对海子山自然保护区的地质遗迹进行单体景观的定量评价和综合定性评价。

　　第三部分则是依托前文所提出的自然保护区"保护、开发、管理"三位一体的保护性开发新模式，对海子山国家级自然保护区进行实证研究。

　　本书的研究主要依托刘少英博士主持完成的四川省林业科学院项目"海子山自然保护区生态旅游规划"、杨俊义高级工程师和曹俊工程师主持完成的四川省地矿局区域地质调查队项目"稻城海子山冰川边缘地质调查与研究"。书中使用的部分资料，是课题组成员共同艰辛努力的成果，在此深表感谢。对本书中所引用文献的作者表示感谢。

本书的出版受到成都理工大学中青年骨干教师项目的支持。由于调研资料来源不足及作者水平有限，书中难免存在瑕疵，敬请广大同仁和读者批评指正。

目　　录

第1章 绪 论

1.1 研究区概况

1.1.1 地理位置

四川省海子山国家级自然保护区(以下简称海子山自然保护区)位于四川省甘孜藏族自治州理塘县和稻城县境内,西面和西南面与甘孜州的巴塘县和乡城县接壤(见图1-1)。行政上隶属理塘县的毛垭片区、濯桑片区、拉波片区和稻城县的桑堆乡、邓波乡,地理坐标为东经99°33′00″—100°31′48″,北纬29°06′36″—30°06′00″。

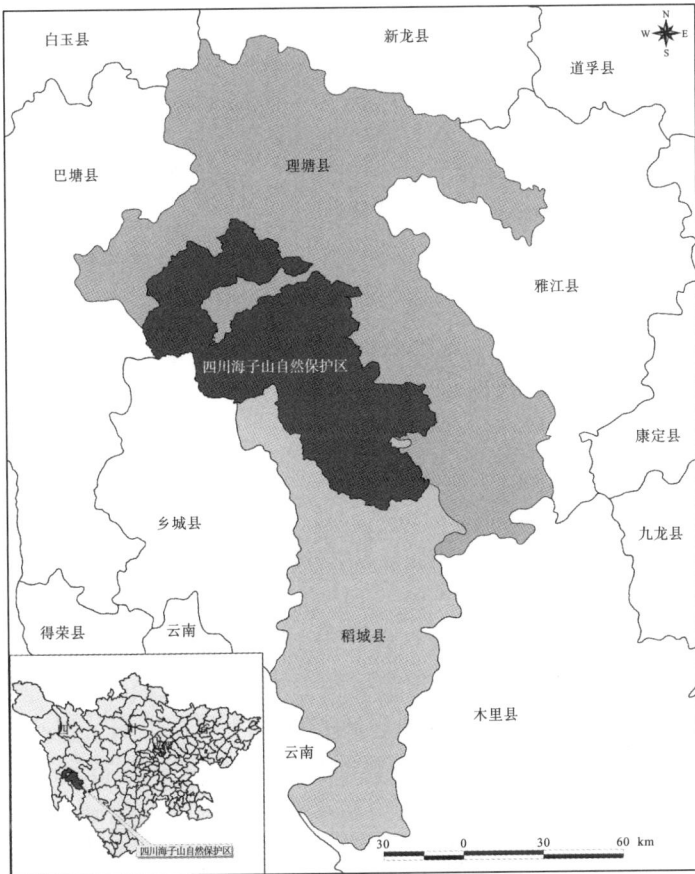

图 1-1 海子山自然保护区地理位置图

Figure 1-1 Location Map of Haizi Shan Natural Reserve

保护区东西宽约 95.25 km，南北长约 109.49 km，总面积 459161 hm²，其中理塘县部分为 334608 hm²，稻城县部分为 124553 hm²。保护区最高点为四川省第三高峰、康南第一峰——格聂山，海拔 6204 m，最低点在保护区西南面稻城邓波乡的拉玛隆附近，海拔 3160 m，海拔高差 3044 m。

1.1.2 区位分析

1. 交通区位

海子山自然保护区距理塘县城 71 km，距康定 350 km，距成都 725 km，距巴塘 286 km，距稻城 219 km，距乡城 272 km，距康定机场 322 km，亚丁机场处于境内，交通网络已基本形成；川藏铁路项目川藏铁路开工建设，并择址途经海子山自然保护区所在的理塘县。机场与铁路建设将大大提高海子山自然保护区的可进入性，对海子山自然保护区的保护与开发具有重要意义。

2. 旅游区位

海子山自然保护区在全省乃至全国旅游发展中具有重要区位条件。在《中国香格里拉生态旅游区总体规划》中，海子山自然保护区处于中国香格里拉生态旅游区腹心位置，理塘县是甘孜州的交通组织中心，在中国香格里拉生态旅游区发展中地位重要；在《四川省旅游发展总体规划》中，海子山自然保护区属于川西自然生态优先开发区之辐射区域；在《甘孜州旅游发展总体规划》中，海子自然山保护区属于甘孜州三大旅游片区之一的康南旅游片区，康南片区将以亚丁为品牌，以亚丁、格聂山和措普沟三大旅游区为支撑，带动康南旅游全面提升；在《甘孜州生态旅游产业发展规划》中，海子山自然保护区属于五个重点开发旅游产业区之一的亚丁香格里拉核心旅游产业区。

1.1.3 历史沿革

鉴于海子山突出的自然保护地位、生物资源的重要性和保护对象的特殊性，1995 年 11 月甘孜藏族自治州人民政府以甘府函[1995]16 号文批准建立了州级自然保护区。1997 年，四川省人民政府以川府函〔1997〕405 号文批准四川海子山自然保护区为省级自然保护区，属湿地类型和森林生态系统类型的自然保护区。保护区面积 459161 hm²，当地政府进行了确权定界并依法颁布了国有土地使用证和林权证。2008 年，经国务院审定，《国务院办公厅关于发布北京百花山等 19 处新建国家级自然保护区名单的通知》（国办发[2008]5 号）明确四川海子山自然保护区于 2008 年 1 月 22 日被批准建立国家级自然保护区。海子山国家级自然保护区主要保护对象是高寒湿地生态系统及林麝等珍稀动物，保护区类型为内陆湿地，主管部门为林业部门。

1.2　研　究　背　景

1.2.1　自然保护区发展的新时期

自然资源和生态环境是人类赖以生存和发展的基本条件。人类在长期的社会实践中,认识到保护好自然资源和生态环境,保护好生物多样性,对人类的生存和发展具有极为重要的意义。目前在国际上,建立自然保护区已成为各国保护自然资源和生态环境的主要方法和手段。通过保护有典型意义的生态系统、自然环境、地质遗迹和珍稀濒危物种,达到维持生物的多样性的目的,保证生物资源的持续利用和自然生态的良性循环。自然保护区建设已成为衡量一个国家进步和文明的标准之一。

中国疆域辽阔,地形、气候复杂,南北跨越寒、温、热三带,高原、山地占80%,生态环境多样,孕育了丰富的野生动植物资源。除鱼类外,中国约有脊椎动物 2619 种,其中哺乳类 581 种、鸟类 1331 种、爬行类 412 种、两栖类 295种,大熊猫、朱鹮、金丝猴、华南虎、普氏原羚、黄腹角雉、扬子鳄、瑶山鳄蜥等数百种珍稀濒危野生动物。约有高等植物 30000 多种,水杉、银杉、百山祖冷杉、香果树等 17000 多种植物为中国所特有。至 1956 年建立广东鼎湖山自然保护区以来,我国自然保护区建设数量上从无到有,规模上从小到大,初步形成了布局较为合理、类型较为齐全、功能较为健全的全国自然保护区网络。截至2014 年底,共建立各种类型、不同级别的自然保护区 2729 个,保护区总面积约14699 万 hm²,陆地自然保护区约占国土面积的 14.84%[1]。截至 2014 年底,已有 32 个自然保护区加入联合国教科文组织"人与生物圈保护区网络",44 处自然保护区列入《湿地公约》"国际重要湿地名录",有 32 处保护区成为世界自然遗产组成部分。保护区事业的发展,有效保护了我国 70% 的自然生态系统类型、80% 的野生动物和 60% 的高等植物种类以及重要自然遗迹,生态系统服务功能作用范围广泛,大熊猫、朱鹮、亚洲象、扬子鳄、珙桐、苏铁等一批珍稀濒危物种种群数量呈明显恢复和发挥的趋势。

我国自然保护区建设在经历了始创阶段、停滞破坏阶段、恢复阶段和迅速增长阶段后,目前已进入第 5 个发展阶段,即质量管理阶段,由"看管保护"向"经营管理"转变,"数量规模扩大"向"质量水平提高"转变的新阶段。2006年 10 月,国家环境保护总局 2006 年第六次局务会议通过《国家级自然保护区监督检查办法》,自 2006 年 12 月 1 日起施行,对于国家级自然保护区的建设和管理状况的定期评估和执法检查,对不再符合国家级自然保护区条件的国家级自然保护区给予降级处理。

当前我国自然保护区建设进入数量型向质量型转变的关键时期,面临着新的机遇和挑战，经济和社会的可持续发展也对自然保护区建设提出了更高的要求。在新形势下，如何巩固已有的发展成果，如何协调保护和开发的矛盾，促进自然保护区的可持续发展，成为摆在自然保护区发展和建设面前的一项十分紧迫的重要任务。

1.2.2　旅游地学研究对自然保护区具有重大意义

地质背景是生态环境的载体，生态环境是地质背景的屏障。生态环境与地质背景有着直接而密切的联系，它们共同构成了地球系统中的一个相互影响、相互作用的生态地质环境。地质环境因素（地质构造、地貌、岩石、水等）是生态地质环境系统（动植物、土壤、气候、水等）的主体[2]。地质地貌是自然景观形成的主要骨架和背景基础，一些地质遗迹本身直接成为很多自然保护区的主体。因此，地质环境是自然保护区保护的重要基础。

至 1984 年国务院批准天津蓟县地质剖面列为国家级地质自然保护区以来，截至 2014 年底，我国已建立各级地质遗迹类型自然保护区 83 个，占全国自然保护区总数的 3.04%；其面积为 99.24 万 hm^2，占自然保护区总面积的 0.68%（图 1-2，图 1-3）。

然而，目前国内对自然保护区的保护，要么是立足于地质背景对生态环境的保护，要么是直接针对地质遗迹的保护。21 世纪，旅游业进入了生态环境旅游的新时代，自然保护区的生态环境与地质环境密切的关联性已引起业界的极大重视。自然保护区的旅游地学问题研究，必将成为旅游地学研究和自然保护区研究的一个新领域。

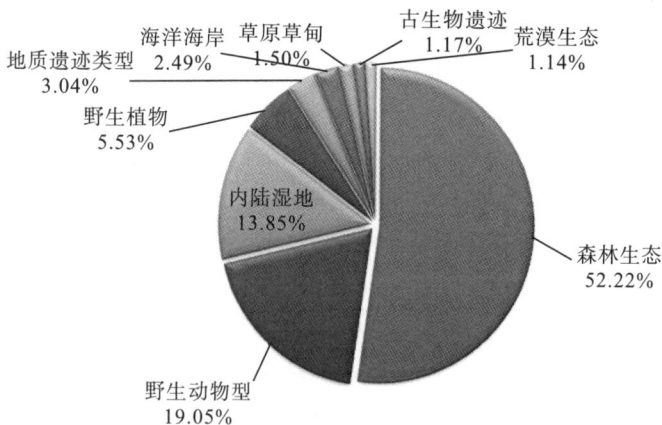

图 1-2　各类型自然保护区数量比例图（据全国自然保护区名录，2014）[1]

Figure 1-2　Scale Maps of Nature Reserve Quantities in 2014

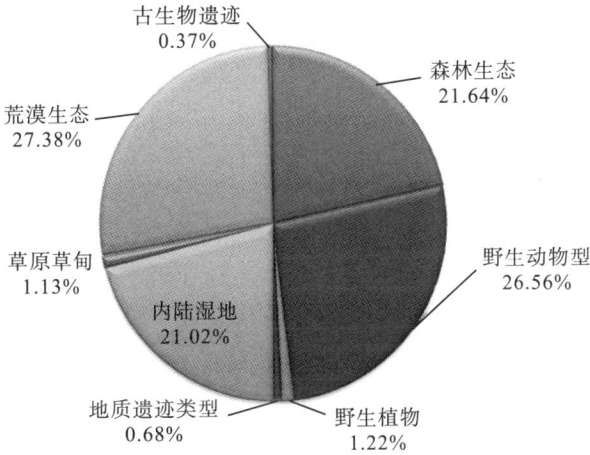

图 1-3　各类型自然保护区数量比例图（据全国自然保护区名录，2014）[1]

Figure 1-3　Scale Maps of Nature Reserve Area Development in 2014

1.2.3　自然保护区保护性开发是时代发展的要求

自然保护区因其独特的生态系统而设立，拥有丰富的野生动植物资源和自然生态系统，奇异的地貌景观和自然历史遗迹，集中了大自然的精华，具有开发生态旅游的广阔前景。目前，世界上大多数国家都把生态旅游看成是保护区开发利用的重要举措，根据本国的资源条件及特点大力发展生态旅游，也都把保护区的生态旅游开发视为收取经济收益、发展当地经济和促进自然保护事业的重要手段。许多著名的旅游胜地都位于自然保护区内，如美国的黄石国家公园、日本的富士山、法国的阿尔卑斯山、中国的九寨沟、黄龙寺、张家界、西双版纳、鼎湖山、庐山、长白山等。

与国外相同，我国的自然保护区开始也是强调绝对的保护，随着世界自然保护区管理模式的改变，尤其是受人与生物圈保护区的积极影响，开始重视保护区休闲功能的发挥，发展生态旅游。由于我国生态旅游开发起步较晚，在实践中也存在一些问题，如生态旅游泛化和曲解问题严重，几乎把所有与自然资源有关的旅游活动都冠以"生态旅游"的头衔。正如世界生态旅游学会指出的，"尽管生态旅游具有带来积极的环境和社会影响的潜力，但是如果实施不当，将和大众旅游一样具有破坏性"。随着生态旅游的发展，生态旅游所面临的现实问题，引起了人们越来越多的重视和理性的反思，国际学术界对生态旅游理论可行性的质疑以及对其实际效果的批判越来越多[3]。有人甚至质疑对于生态系统的保护来说生态旅游到底是"良药"还是"潘多拉盒子"[4]。

据中国人与生物圈国家委员会统计，截至 1997 年底，全国已有 80％的自然保护区正式开办生态旅游，且 10％的保护区年接待游客量在 10 万人次以上。但随着保护区旅游的开展，资源破坏和环境污染等问题日益突出，中国自然保护区有 22％的自然保护区由于开展旅游而造成对保护对象的破坏，11％的旅游区已出现资源退化现象，垃圾、水污染、空气污染正在成为一些保护区令人忧虑的旅游负面影响[5]。令人欣慰的是，我国目前有极少保护区已对此引起了高度重视，并采取了相应措施，如武夷山国家级自然保护区从 2009 年 6 月 1 日起停止大众旅游，适度开展生态环境的科普教育活动，以强化生态环境保护，造福子孙万代[6]。

因此，如何发挥保护区资源优势，科学指导保护区开发与管理，规范生态旅游活动，提高保护区管理水平，促进保护区生态旅游可持续发展，是当前重要而紧迫的任务。

1.2.4　研究区的区域背景

海子山自然保护区地处青藏高原东南缘，四川西部，位于四川省甘孜藏族自治州理塘县和稻城县境内。其所处的地理位置位于全球生物多样性 25 个热点地区之一的喜马拉雅—横断山区。该区域生物多样性丰富而独特，是我国生物多样性优先保护的关键地区。同时，这一区域气候独特，景观多样，森林资源丰富，构成了长江上游的水源涵养林区和生态屏障，是生态林业工程建设和科学研究的热点，又是生态旅游资源的富集区，受到政府和社会各界极大的关注。

海子山自然保护区的保护价值最集中的体现是以冰碛湖泊群演化而来的高寒湖泊为代表的高寒湿地生态系统。其高寒湿地生态系统在四川省和我国都少见保存得如此完好的区域。保护区还拥有大面积的原始森林、高山灌丛和高寒草甸，自然环境条件复杂多样，生物多样性较高。

海子山自然保护区境内分布着第四纪末次冰川遗迹——稻城古冰帽遗迹，形成众多冰蚀湖泊、冰流槽谷、冰蚀残山、冰蚀鼓丘、鲸背石、羊背石、冰溜面、侧碛堤(垄)、终碛堤(垄)等地质遗迹景观。稻城古冰帽地质遗迹是青藏高原东缘规模最大的古冰帽遗迹，在中国乃至亚洲极为少见，在国际、国内地学界和冰川学界均有很高的知名度。

海子山自然保护区位于四川省甘孜藏族自治州西南部。甘孜州是长江上游生态屏障的关键地区，全省一半以上的自然保护区建立在甘孜州。但由于历史的、地理的原因，经济基础薄弱，社会发育程度低。甘孜州是我国第二大藏区的主要组成部分，是一个集经济社会、地缘政治、生态环境、国防安全和国际影响等多重因素于一体的特殊区域。甘孜州重要的战略地位和多重矛盾困难的交织，决定了在其区域内开展保护区工作的复杂性。笔者认为，在让甘孜州承担起整个长江流域生态屏障的重任的同时，也应该让甘孜州各族人民把生态保护和建设的过程变成为自己发展致富的过程。

就目前的发展状况而言，海子山自然保护区尚处于放任自流状态，其利用处于起步初创阶段，保护和开发二者的结合不够，没能充分发挥保护区的多种功能，自然保护经费严重缺乏，无能力进行有效的保护。这不仅影响到自然保护区科研、基础设施建设和管理工作的正常进行，限制了当地居民生活质量的改善，而且还很难从根本上杜绝或减少"偷猎"、"滥伐"的现象，极大妨碍了自然保护区的正常功能发挥和自然保护事业的发展。

2007 年 7 月，四川省委、省政府决定在甘孜州启动富民安康工程，出台了《关于实施富民安康工程的意见》，突出抓好"科学发展、富民惠民、共建和谐"三件大事。富民安康工程要求加快资源科学开发，积极创新资源开发模式，促进资源就地转化，建立资源地群众利益共享机制，调动和激发群众的积极性。

2014 年 4 月 26 日，四川省藏区旅游工作会议的召开标志着新一轮藏区旅游开发亦将加速。会上拟定了《四川藏区旅游业发展三年行动计划（2014—2016）》，并强调藏区各州县要重点打造大九寨、大熊猫、大草原、大香格里拉四大旅游品牌，优先实施"五大"工程，加快旅游重大消费项目建设，每年向国内外市场隆重推出藏区十条旅游精品线路，使藏区旅游有突破性的发展。

近年来，甘孜州委、州政府为促进经济社会持续健康发展，提出"全域旅游"发展战略，确定以旅游业为先导和主线，统领社会经济发展，带动一、二、三产业联动发展，调整经济结构、发挥比较优势和实现城乡统筹，并把旅游业建成甘孜州国民经济战略性支柱产业与主导产业的新要求，成为推动甘孜州经济社会发展、实现"三化"联动的重要动力，积极创建全国民族地区全域旅游试验区。

四川省海子山国家级自然保护区，作为甘孜州四大国家级自然保护区之一，该区域是否具有开发生态旅游的潜力？如果具有，又如何合理开发资源以达到生态效益、经济效益与社会效益的最佳平衡？又如何发挥产业富民的功能以促进社区发展？这是社会关注的话题，也是本书研究的出发点。

1.3 研 究 综 述

1.3.1 对旅游地学的研究

旅游地学（Tourism Geoscience 或 Geo-Tourism）术语最早是由我国学者 1985 年提出，国外迄今尚无"旅游地学"术语及其完整概念。它的最初定义被写进"中国旅游地学研究会章程"第二条，即"旅游地学是运用地学的理论与方法，为旅游资源调查、研究、规划、开发与保护工作服务的一门新兴边缘学科"[7]。后来在《旅游地学概论》一书中，其概念进一步明确为："旅游地学是地球科学的一个新兴分支学科，它是研究人类旅行游览、体疗康乐与地球表层物质组成、结构及能量迁移、变化之间关系的一门学科。它包括了地质和地理两种旅游环境，是旅游地质学（Tourism Geology）和旅游地理学（Tourism Geography）两门边缘学科的总称[7]。

1. 国外研究概述

国外虽然没有出现"旅游地学"术语及其完整的概念，但对旅游地学的相关研究起步较早。20 世纪 30 年代，西方发达国家的部分地学工作者开始研究旅游地学相关问题。如，1933 年，美国、加拿大均出现了发表在主要地学刊物上的旅游论文，分别是 *Tourist Towns in the Canadian Rockies*，*Geographic Concepts and the Development of Tourism Research in Canada*。英国有关这方面的研究论文出现在 1939 年，题为 The Study of Tpurism in Britain——A Geography Perspective[8]。西方旅游地学的初期研究不是纯粹的学术研究，而是和政策的制定有关，具有很强的实践性。但在 20 世纪 70 年代末以来进入成熟期之后，研究内容非常丰富，不再一味是应用研究，理论思考被放在更为重要的位置，学术意味更为浓厚。

第二次世界大战后，随着大众旅游的兴起，对于旅游地学问题，国外开展了很多实际工作，主要是在国家公园等保护区的旅游地学研究中，如美国黄石国家公园、美国科罗拉多大峡谷、希腊的莱斯伯斯硅化木群、加拿大艾伯塔省恐龙公园、澳大利亚的乌卢路、坦桑尼亚乞力马扎罗山、阿根廷的巴塔哥尼亚高原峡谷等设立与建设均与地学或旅游地学有关[9,10]。同时，各国开展了很多与旅游地学相关的学术活动，在介绍地质遗迹及开展地质科普教育等发面做了大量的工作。但总体而言，关于旅游地学问题的研究，国外虽开展了许多实际工作，但专门研究成果不多[10,11]。

2. 国内研究概述

旅游地学在中国发展较快。据了解在国际上迄今还未有"旅游地学"术语及其完整的概念，从这个意义上讲，旅游地学作为一门完整的科学应是我国学者首创[12]。我国地质工作者为旅游地学学科的发展做出了重要的贡献。我国旅游地学的发展经历了三个发展阶段：

1）旅游地学萌芽阶段（1985 年以前）

旅游与地学的结合源远流长。我国旅游地学思想的萌芽也可追溯到很久以前。其间，古人用朴素的地学知识撰写了不少游记、散文和诗歌，如《山海经》、《禹贡》、《管子》、《大唐西域记》、《徐霞客游记》等，这些都是我国早期的具有旅游地学特色的作品[13]。近代也有一些地理学家对自然风景区的成因机制进行研究，如张其昀（1934）的《浙江风景区之比较观》，任美锷（1940）的《自然风景与地质构造》[14]。

但是中国的旅游地学是在改革开放后旅游业迅速发展的巨大的现实需求和地质学科大变革的背景下应运而生的。1979 年底中国科学院地理研究所组建旅游地理学科组。北京旅游学院编印的《旅游资源的开发与观赏》（1981）、《中国旅游地理讲义》(1981)和中国科学院地理研究所编印的《旅游地理文集》(1982)是我国最早有关旅游地理学的文集[15]。这些论著的问世，极大地促进了旅游地学的发展。

2) 旅游地学成长阶段(1985—1999 年)

1985 年 4 月，在中国地质学会科普委员会的倡导下，为了整合地学界为旅游业服务，首届"全国旅游地学讨论会"在北京召开，会上首次提出并为大家所共识的"旅游地学"这一更综合的学科新概念。在这次会议上成立了"中国旅游地学研究会筹备委员会"。经过多年的发展，目前我国已形成了 5 个旅游地学学术组织，即中国旅游地学研究会、区域旅游开发研究会、丹霞地貌旅游开发研究会、中国地质学会洞穴研究会和中国地理学会旅游地理专业委员会，多层次的旅游地学人才培养和多学科的旅游地学研究极大地促进了我国旅游地学事业的发展，为各种地学旅游资源的保护和开发提供了理论指导和人才保障，也促进了中国旅游业的可持续发展。

1987 年，胡正刚先生主编的《旅游地学研究与旅游资源开发》出版。1991年，陈安泽、卢云亭先生主编的《旅游地学概论》一书出版。两书都对旅游地学的概念作了阐述，这是旅游地学在我国被视为一门学科的开端，这两本旅游地学界的理论著作为开创我国旅游地学的研究奠定了坚实的基础。之后，我国学者对旅游地学进行了大量的研究，研究重点集中在旅游地质资源的调查、分类和保护管理上，一大批学术成果相继出现，如《旅游地学研究与旅游地学资源开发》(四川旅游地学研究会主编)、《峨眉山地学旅游》(刘怀仁，1988)、《四川地质考察路线丛书)》(陈茂勋主编，1991)、《喀斯特景观与洞穴旅游》(宋林华等主编，1993)、《自然风景旅游》(陈诗才著，1993)、《中国的世界文化与自然遗产》(潘江，1995)、《中国地质遗迹》(陈安泽等主编，1996)、《黑龙江山水风光旅游》(巩杰生，1998)、《中国旅游地质资源》(冯天驷，1998)等等。其他尚有大量旅游地学论文散见于各类期刊。

3) 旅游地学全面发展阶段(1999 年至今)

1999 年，联合国教科文组织提出了世界地质公园计划。同年，我国国土资源部在全国地质地貌景观保护会议上，制定了全国地质遗迹保护规划(2000—2010)，提高了地质遗迹利用与保护的地位。截至 2009 年 9 月，我国已建立 182处国家地质公园，20 处世界地质公园，占世界地质公园总数的三分之一，成为世界地质公园数量最多、增长最快的国家。对地质公园的研究成了旅游地学研究的热点，其中内容主要涉及国家地质公园的理论、旅游开发以及保护和管理三个方面的基本问题。比如，后立胜和许学工在(2004)提到应从"地质"内涵和"公园"特征两个方面来把握国家地质公园的含义[16]。赵逊和赵汀(2003)根据我国已有的国家地质公园的类型分为地层学、古生物、构造地质、地质地貌遗迹等 9大类[17]。王清利、常捷(2004)从旅游开发价值、旅游开发条件两个方面对西峡国家地质公园的恐龙蛋化石群进行了旅游价值评价[18]。

部分学者加强了对旅游地学理论的研究，出现了有关旅游地学的专著，如陆景冈(2003)的《旅游地质学》[19]，辛建荣(2006)的《旅游地学原理》[20]，杨世瑜和吴志亮(2006)的旅游地质学[14]。这些理论研究一定程度上促进了旅游地学发展。

对自然保护区的旅游地学的研究，集中体现在申报工作前期的一些初步调查。迄今为止，没有检索到国内外对自然保护区旅游地学的专门研究成果。部分学者在相关研究中涉及自然保护区的旅游地学研究，如杨更(2005)[21]、张瑞英(2007)[22]、吴晓颖(2007)[23]分别从不同角度对九寨沟国家级自然保护区的景观地质背景进行了研究。

3. 小结

旅游地学的创立和发展体现了地质科学从传统的以地质找矿为主的"矿产型"学科理念，拓展到目前以服务社会环境，促进人地关系协调持续发展的"社会型"学科理念[10,11]。随着广大游客对旅游地学知识的提高，旅游地学在旅游业两个文明建设中的地位和要求也会相应提高，旅游地学的工作和研究领域将不断更新、扩大和深入，将会有许多旅游地学新课题、新热点涌现出来。

旅游地学研究经过二十多年的发展，已经取得了很大的进步，为中国旅游业的发展做出了一定贡献。但是旅游地学尚未构成系统完整的学科体系，有待在旅游产业的发展过程中，通过地学与旅游学的结合而不断发展和完善。其发展趋势可以概括为：旅游地学的基础理论研究；新理论、新技术和方法的应用；面向实际问题，拓展应用领域；加强对地质生态旅游环境的研究和保护[14]。

1.3.2 对自然保护区保护性开发的研究

国内外学者们普遍认为，在保护区发展过程中应协调好保护与发展的关系，促进保护区的可持续发展。生态旅游是自然保护区的保护性开发研究的重要方面之一。大量的文献表明，自然保护区是世界上进行生态旅游相关活动的最主要场所。在生态旅游的快速发展及其研究的不断拓展和深入的同时，越来越多的学术研究论文也都集中在保护区及保护区内的生态旅游活动上。

1. 国外研究概述

国外学者对自然保护区生态旅游的研究主要集中在自然保护区生态旅游的开发及管理和生态旅游对自然保护区的影响两方面。

1)自然保护区生态旅游的开发与管理

世界上许多开展生态旅游的国家都十分重视保护区生态旅游的开发，很多国际机构制定了一系列保护区规划开发指南或收集成功的案例用于编制规划。

IUCN 出版了保护区最佳实践指南系列丛书，丛书涉及保护区开发规划经营等多方面内容。2002 年出版的《保护区可持续旅游——经营、规划指南》提出了保护区成功规划的过程指南。部分学者研究了自然保护区与生态旅游的关系。Andy Drumm 等提出保护区与生态旅游之间正在形成一种共生共存关系，保护区需要生态旅游，而生态旅游也需要保护区[24]。Dr. Stefanos 在对保护区与生态旅游关系研究的基础上提出，生态旅游是可持续旅游的重要组成部分之一，也是最适合保护区的旅游形式[25]。大多数学者从案例分析出发研究自然保护区生态旅游的开发。K. Brandon 研究了澳大利亚、哥斯达黎加、伯利兹、印度尼西亚、厄瓜多尔、尼泊尔等国家的保护区的生态旅游和自然旅游，指出了保护区发展存在的一些关键问题[26]。George S. J. Roman 等学者以泰国的张戈（Koh Chang）国家海洋公园为例，将该保护区划分为 4 个不同的功能区：一是未经考察的原生态区域；二是最不易被旅游影响的高强度珊瑚礁的旅游区域；三是生态旅游区域；四是普通使用区[27]。

　　2）生态旅游对自然保护区的影响

　　国外学者对自然保护区旅游开发的影响一开始就很重视，研究基础良好，研究包括对自然保护区动植物的影响和对社区的影响。早在 20 世纪 70 年代，Willard 和 Marr(1970)、Liddle(1975)等学者就指出旅游活动会对土地产生踩压，旅游活动会对土壤和植被造成损害[28,29]。Knight 和 Cole 认为生态旅游对动物存在很大的潜在负面影响，开展生态旅游会导致保护区内的动物可能面临人类活动的威胁[30]。大部分学者将研究的焦点集中在生态旅游对保护区社区的影响及对策的研究。K. Lindberg 等分析了保护区利用生态旅游创收与社区对保护的态度之间的关系，指出当生态旅游为当地社区带来经济收益的同时，社区居民的积极保护态度和对保护区的支持在不断提高[31]。William T. Bowie 等研究认为保护区的各种收费不仅满足了保护区管理费用，而且也给当地居民带来了额外的收入，极大地激励了当地居民保护的积极性。但是，保护区的文化和经济影响和管理不当影响着当地社区，有可能导致对保护区的怨恨。管理协商和获得当地居民的支持是任何保护区规划成功的本质要求[32]。Fennel 和 Eagles 考察了哥斯达黎加等发展中国家的保护区的生态旅游，并提出生态旅游能够提供社会效益，为自然保护区提供发展动力，同时，发展中国家可以借此获得收益并实现其他很多目标[33]。

2. 国内研究概述

　　随着我国自然保护区以生态旅游为主的旅游活动的开展，国内学者对自然保护区与生态旅游的发展进行了研究，主要集中在自然保护区与生态旅游的关系、自然保护区的生态旅游开发和影响等方面的研究。

　　1）整体研究

　　中国人与生物圈国家委员会于 1998 年编著的《自然保护区与生态旅游》，是关于我国自然保护区开展生态旅游的初次较为全面系统的研究。该书论述了我国自然保护区开发生态旅游的条件、现状、挑战和发展选择[5]。

很多学者研究了自然保护区与生态旅游的关系。研究者多从自然保护区与生态旅游各自的特点及意义着手，分析自然保护区开发生态旅游的天然条件，同时也分析了生态旅游对保护区发展带来的正面和负面影响。白琳(2000)[34]、陈孝青(2001)[35]、王君(2004)[36]等认为生态旅游是我国自然保护区实现可持续发展的最佳选择。

魏遐(2005)综述了目前我国自然保护区的生态旅游研究进展，指出我国学界当前对自然保护区旅游开发研究具有两多两少一集中的特点。"两多"是指针对旅游资源开发的研究较多，案例研究较多；"两少"是指与旅游开发相关理论研究较少，尤其是技术层次问题研究较少，针对客源市场的研究较少；"一集中"是指研究集中从生态旅游角度研究自然保护区旅游开发[37]。

2)自然保护区生态旅游的开发研究

随着自然保护区生态旅游的发展，研究者加强了对自然保护区生态旅游的开发和管理的研究，相关的文献资料较多。李寒娥于1977年提出，应该选取几个代表性的自然保护区作示范，在旅游管理、生态教育等方面做出表率作用[38]。孙根年(1998)则根据自然保护区生态旅游业的可开发程度，将自然保护区划分为5个开发等级，并相应提出自然保护区生态旅游开发的模式[39]。李正波(2000)研究指出在自然保护区生态旅游开发中，应该坚持保护与开发并重原则、生态美学原则、统一规划原则和协调发展原则[40]。陈孝青(2001)认为自然保护区在生态旅游开发中，要正确处理好开发与保护的主次关系[41]，尽力开发和推广绿色旅游产品。李晟之(2003)以王朗自然保护区为研究对象，在回顾各种有关生态旅游的定义与各国的实践后，总结出保护区开展生态旅游应该包括7个要素：有利于生物多样性的保护、促进当地居民的福利事业、解说和学习的过程、由小型旅行社接送小型团队、对不可再生资源消费要尽可能低、游客负责任的行为、强调地方的所有权和尤其为当地社区提供商业机会[42]。

3)自然保护区生态旅游的影响研究

对于自然保护区旅游开发影响的研究，文献较多，表明自然保护区的环境问题始终是学者关注的焦点。宋秀杰和赵彤润(1997)分析了北京松山自然区旅游开发对环境的影响[43]。朱颜明等(1999)研究了长白山自然保护区旅游开发对环境的影响，并提出了相应的对策[44]。文传浩、杨桂华(2002)研究指出我国已有22%的自然保护区因开发生态旅游而造成不同程度的破坏，11%的保护区出现旅游资源退化[45]。刘洋等((2005)通过阐述保护区生态旅游生态环境和社会经济影响评价研究的相关方法与主要进展，认为目前保护区内的生态旅游的实际效果与理论上的期望存在着相当大的差距，这种差距是造成保护区生态旅游发展过程中一些重大问题的主因[46]。

3. 小结

国内外学者对自然保护区的保护性开发进行了大量的研究。学者们大多数认为开展生态旅游是对保护区最有利的发展方式，保护区与生态旅游的结合是必然，也是发展趋势。国外生态旅游以及保护区的生态旅游发展都很早，因此对保护区生态旅游的研究相对较为成熟，而且较为注重实践与理论的结合。国内学者对于自然保护区的生态旅游的各个方面进行了广泛的探索性研究。但是目前国内自然保护区的生态旅游发展并不理想，生态旅游发展较为成功的自然保护区也很少。因此，有必要加强对自然保护区生态旅游开发的理论和实践的研究。

1.3.3 对研究区地质及其他方面的研究

海子山自然保护区位于青藏高原东南缘，地处横断山脉东侧沙鲁里山脉的山脊和中部高原区，境内分布着第四纪末次冰川遗迹——稻城古冰帽遗迹，具有重大科学意义，历来为地质学家关注。

1. 研究概况

1)基础地质研究概况

早在1929年，中国老一代著名地质学家谭锡畴和李春昱一起，对当时的四川、西康作大规模的区域地质调查，历时2年多，制作了1∶20万路线地质图30余幅，出版了《四川西康地质志》、《四川西康地质矿产志两本》巨著。

全面的系统性的地质调查工作，是在中华人民共和国成立后。1960—1961年，四川省地质局甘孜区调分队开展1∶100万区域地质调查，也涉足稻城—理塘一带。1977—1984年，四川地质局区调队在1∶100万区域地质调查的基础上，对海子山及其周围，开展了1∶20万区域地质调查，编制了《1∶20万理塘、稻城、贡岭幅区域地质调查报告》和《1∶20万理塘、稻城、贡岭幅区域矿调查报告》。1978—1980年，四川省地质局科研所、区调队及四川省地震局等单位合作，以"地质力学"观点编制了"四川省构造体系图"、"四川省构造体系与地震活动规律图"及其说明书，认为稻城—理塘一带为"歹"字形构造区。1980—1982年，赵友年等以"黄汲清的槽台"观点编制了"四川省大地构造图"及其说明书，认为稻城—理塘一带属沙鲁里优地槽褶皱带，"板块说"称"义敦岛弧"。1991年，四川地质矿产局组织编制了《四川省区域地质志》和《四川省区域矿产总结》，是截至目前对四川省地质矿产最全面最权威的一次总结。1995—1997年，四川地质矿产局组织完成了四川省地层的清理，编制出版了《四川省岩石地层》一书，成为四川省地层工作的重要参考书。

2)第四纪冰川研究概况

自19世纪末期以来，先后至青藏高原考察和探险的地理、地质学家对高原上广泛分布的第四纪冰川遗迹进行研究，他们对青藏高原第四纪冰期中是否存在统一的大冰盖有不同的认识。

早期的学者主要根据地貌考察资料，特别是由于北欧斯堪的那维亚高原大冰盖的冰川作用对地表的侵蚀，冰盖退缩后形成了众多的侵蚀湖盆，因此 E. Huntington(亨汀顿)、E. Trinkler(欣克勒)、B. M. Синичын(西尼村)等人将青藏高原上众多的湖泊和各种侵蚀地貌的成因与古冰川联系起来，从而提出高原普遍为冰川覆盖的看法和假设。20 世纪 80 年代，德国科学家 M. Kuhle(库勒)先后在喜马拉雅南坡、青藏高原东北部、珠峰地区、藏南等地考察第四纪冰川遗迹，在此基础上，推测"末次冰期雪线高度降到 4000 m 左右，其北部地区古雪线为 3770 m，中部 4000 m 以下，中部和南部为 4720 m，喜马拉雅山主峰南坡地区在 4000 m 以下。如此之低的平衡线意味着大冰盖的面积可达 $200×10^4$—$240×10^4$ km^2，厚度达 1200—1700 m"。中国地质科学院的韩同林[47,48]等根据青藏公路和中巴公路附近地区观察资料，认为青藏高原上普遍存在冰蚀平原、冰蚀丘陵、冰蚀洼地、冰盆、冰阶、冰碛物和冰川漂砾等大冰盖的遗迹，推论早更新世冰期中除柴达木盆地外均被大陆冰盖所占据，并认为冰盖厚度至少在 1700—3000 m。

从地貌发育成因和沉积物形成环境的角度出发，早期的青藏高原探险者 Sven Hedin(斯文·赫定)等人认为第四纪时期的冰川作用可能没有如此之大。20 世纪 50 年代末以来，中国学者以施雅风院士为代表的一批科学家，对青藏高原现代冰川与古冰川遗迹进行了广泛考察，逐渐形成了青藏高原不存在统一大冰盖的观点，认为第四纪最大冰期时青藏高原发育有大型的网状山谷冰川、山谷冰川、山麓冰川、冰帽和局部小冰盖，但各山系的冰川并没有相互联结，没有形成统一的大冰盖。持后一学术观点的学者[49,50,51]，就海子山古冰帽区的地貌特征、冰期和发育模式等，发表了相关文章。

　3)其他研究概述

对海子山自然保护区的其他方面研究极少。个别学者在对海子山自然保护区详细调查的基础上，对海子山自然保护区的动植物资源进行了基础研究。孙治宇[52]、刘洋[53]对海子山保护区的兽类资源进行了调查研究。付建荣则研究了海子山保护区的鸟类资源[54]和鸟类群落[55]。张家辉等[56]对海子山保护区的种子植物的生长型组成、科及属的分布区类型进行了统计分析。

目前为止，尚未有学者对海子山自然保护区的管理、生态旅游及可持续发展进行研究。

2. 小结

从上述分析可以看出，前人对海子山自然保护区的研究主要集中在区域的基础地质研究，已有的研究成果对进一步研究海子山自然保护区提供了重要的科学依据。但是前人在对该区域的基础地质的研究中，并没有从旅游地学着眼对地质遗迹景观的价值、成因及评价进行深入分析。在对动植物资源的研究中，忽视了地质环境和生态环境的结合。海子山自然保护区的管理、保护性开发、生态旅游发展更是处于研究的空白。因此，对于海子山自然保护区尚有大量的工作需要去做。

1.4　研究特色及创新

本研究的特色和可创新有以下几点：

（1）从旅游学和地球科学交叉的角度，综合运用自然科学与人文社会科学的相关研究方法，研究海子山自然保护区的旅游地学相关问题，为自然保护区的保护与开发提供了新的研究思路和依据，并在一定程度上丰富与完善了旅游地学的理论与方法。

（2）根据旅游地学理论和方法，提出旅游地学资源的主要成景过程可划分为地质成景阶段和生态成景阶段，并从上述两方面分析了海子山旅游地学资源的成景机理。在此基础上，归纳总结了海子山旅游地学资源的类型，共划分出了5个"主类"，16个"亚类"，40个"基本类型"。同时，深入分析了海子山自然保护区的地质遗迹景观，详细地阐述了其具有代表性的30个地质遗迹景观资源的地理分布和景观特征。

（3）借鉴国内外保护区旅游开发的经验，提出了自然保护区"保护、开发、管理"三位一体的保护性开发新模式（简称NRPTEM），阐明了在自然保护区保护性开发这个复杂而庞大的系统过程中，保护、开发与管理三大系统及其内在的十二项重要结构要素的关系，以及人为因素在三大系统中的主导作用。其中：①在产品开发工程研究中，提出采取"硬"生态旅游与"软"生态旅游相结合的方式开发自然保护区的生态旅游产品。②在对人为因素分析时，提出在不同的发展阶段，保护性开发的主体所处的地位与作用不同，而创新性地提出保护性开发主体"1+X"变化模式。

第2章 自然保护区保护性开发的基础研究

2.1 自然保护区概述

2.1.1 IUCN 保护区的界定

1872年，美国国会批准建立了世界上第一个自然保护区，即黄石国家公园（Yellow Stone Nationl Park）。经过近150年的发展，人类在生物多样性和自然资源保护方面的工作进展迅速，探索形成了国家公园、自然公园、森林公园、海洋公园、地质公园等多种资源保护形式。由于各种自然资源保护形式大小不一，在各国的名称也不同，这给国际交流与合作带来很大的不便。在这种情况下，世界自然保护联盟（IUCN，1994）提出了保护地（protected area）概念。

保护地是从英文单词 Protected Area 翻译过来，也有人把它翻译成"保护区"，是指：为环境保护和维持生物多样性而划定的一块特定陆地或海洋区域，是纯自然环境的或者是与文化资源相联系的，并通过法律的或其他有效措施对其进行管理。IUCN 根据保护区主要管理目标，将保护区管理分为 6 个类别（表2-1）。

表2-1　IUCN 保护区分类系统（据 IUCN[57]，2004）

Table 2-1　Protected Area Categories of IUCN

类别	名称	管理内容和目标
类别Ⅰa	严格自然保护区 (Strict Nature Reserve)	主要用于科学研究的保护地。拥有某些特殊的或具代表性的生物系统、地理特征、自然面貌或(和)独特物种的陆地或海洋，可用于科学研究/环境监测
类别Ⅰb	荒野保护区 (Wilderness Area)	主要用于保护自然荒野面貌的保护地。大面积未经改造或略经改造的陆地或海洋，仍保持其自然特色及影响，尚未有过永久或大型人类居住，用于保护其天然条件
类别Ⅱ	国家公园(National Park)	主要用于生态系统保护及娱乐活动的保护地。自然陆地或海洋，用于①为现在及将来提供一个或多个生态系统的完整性保护；②禁止对该区进行有害开发及占用；③为精神、科学、教育、娱乐及旅游等活动提供基础，这些都应与环境及文化配套
类别Ⅲ	自然纪念物 (Natural Monument)	主要用于保护某些具有自然特色的保护地。拥有一种或多种自然或自然文化特色的地区，其特色因稀有，具代表性或在美学或文化上意义重大而超乎寻常或独一无二
类别Ⅳ	生境/物种管理区 (Habitab/Species Management Area)	主要用于通过积极干预进行保护的保护地。为了维护栖息地和满足特殊物种生存及发展需要而建立的，以积极干预手段进行管理的一片陆地或海洋

续表

类别	名称	管理内容和目标
类别 V	陆地/海洋景观保护地 (Protected Landscape/Seascape)	主要用于陆地/海洋景观保护及娱乐的保护地。人和自然在长期的和谐发展中形成的具有显著特色的陆地或包括海岸和海洋的陆地，它们具有独特的审美、生态和文化价值，并通常拥有很高的生物多样性
类别 VI	资源保护地 (Managed Resource Protected Area)	主要用于自然生态系统持续性利用的保护地。主要以未经改造的自然系统为主，通过管理确保长期的生物多样性保护和维持，同时满足社区的需要，提供可持续的天然产品和生态服务功能的地方

IUCN 分类体系的提出对于促进国际自然保护的交流与合作起到了明显的推动作用，也被作为一种"共同语言"，由 IUCN 向各国推荐使用。在 IUCN 确定保护地的定义和分类以后，各国也根据自己的条件建立了相应的保护地，但并不完全照搬这一分类体系，而是根据各国的实际情况建立了相应的保护地。如美国的保护地系统分为国家公园系统和国家野外保护系统[58]。

2.1.2　我国自然保护区的界定

1. 我国的保护区

我国保护区体系尚未明确，各类保护区的性质与功能没有严格的界定。近年来，我国一些学者尝试用 IUCN 分类系统对我国的自然保护区进行分类[59,60,61]。根据 IUCN 关于保护区的定义，我国的保护区除了包括自然保护区，还应包括风景名胜区、森林公园、地质公园、生态功能保护区等，其在 IUCN 类别体系的可能归属如下表（表 2-2）。如果按 IUCN 定义，可以归属到其 6 个类别。当然，有些保护区的类型比较复杂，难以简单地划分为某个类型。

表 2-2　中国保护区体系与 IUCN 保护区分类系统比较

Table 2-2　Comparison of protected area categories between IUCN and China

中国保护区体系	IUCN 保护区类别						
	I a	I b	II	III	IV	V	VI
自然保护区	●	●	●	●	●	●	●
风景名胜区			●	●		●	
森林公园			●			●	●
地质公园			●	●			
生态功能保护区						●	●

资料来源：据蒋明康等(2004)，改编

2. 我国的自然保护区

根据《中华人民共和国自然保护区条例》(1994)定义，我国的自然保护区(nature reserve)是指对有代表性的自然生态系统、珍稀濒危野生动植物物种的天然集中分布区、有特殊意义的自然遗迹等保护对象所在的陆地、陆地水体或者海域，依法划出一定面积予以特殊保护和管理的区域[62]。该条例规定，凡在中华人民共和国领域和中华人民共和国管辖的其他海域内建设和管理自然保护区，必须遵守该条例。本书所指的自然保护区均按此定义。

由《中华人民共和国自然保护区条例》(1994)可知，我国自然保护区的建设强调了保护自然资源和自然环境的目的。同时，我国的自然保护区是由国家划定，反映了国家对自然保护区的所有权。自然保护区对于保护珍稀和濒危物种，提供科研场所，为全社会服务，促进人与自然和谐发展具有重要意义。

根据自然保护区分类标准《自然保护区类型与级别划分原则》(GB/T14529—1933)，我国自然保护区分为3大类别9个类型(表2-3)。

表 2-3　我国自然保护区的类型

Table 2-3　Category and type classification of natural reserves inChina

类别	类型	主要保护对象
自然生态系统类	森林生态系统类型	生物群落和非生物环境共同组成的生态系统；森林植被及其生态环境所形成的自然生态系统
	草原与草甸生态系统类型	草原植被及其生态环境所形成的自然生态系统
	荒漠生态系统类型	荒漠生物和非生物环境共同形成的自然生态系统
	内陆湿地与水域生态系统类型	水生、陆栖生物及其生境共同形成的湿地和水域生态系统
	海洋与海岸生态系统类型	海洋、海岸生物与其生境共同形成的海洋和海岸生态系珍稀濒危物种群体及其自然生境
野生生物类	野生动物类型	珍稀濒危动物和重要经济动物物种群体及其自然生境
	野生植物类型	珍稀濒危植物和重要经济植物物种群体及其自然生境
自然遗迹类	地质遗迹类型	特殊意义的地质地貌、地质剖面北石产地等；特殊地质构造、地质剖面、珍稀地质景观、珍稀矿物、地质灾害遗迹等
	古生物类型	古人类、古生物化石产地和活动遗迹

据2014年统计，在三大类别自然保护区中，自然生态系统类自然保护区无论在数量还是面积上均占主导地位，分别占自然保护区总数和总面积的71.20%和71.31%；野生生物类次之，分别占自然保护区总数和总面积的24.59%和27.64%；自然遗迹类所占比例最小，仅分别占自然保护区总数和总面积的4.21%和1.05%。

据 2014 年统计，在 9 个自然保护区类型中，森林生态系统类型自然保护区数量最多，达 1425 个，占自然保护区总数的 52.22%。在面积大小方面，荒漠生态自然保护区在面积分布上占据第一，其面积达 4005.43 万 hm²，占自然保护区总面积的 27.25%[1]（表 2-4）。

表 2-4　2014 年全国各类型自然保护区数量和面积统计表

Table 2-4　Nature Reserve Quantities and Area Development

类别	类型	数量/个	面积/万 hm²
自然生态系统类	森林生态系统类型	1425	3164.79
	草原与草甸生态系统类型	41	165.42
	荒漠生态系统类型	31	4005.43
	内陆湿地与水域生态系统类型	378	3075.18
	海洋与海岸生态系统类型	68	71.15
野生生物类	野生动物类型	520	3885.25
	野生植物类型	151	178.28
自然遗迹类	地质遗迹类型	83	99.24
	古生物类型	32	54.42
合计		2729	14699.16

分析表明，不同类型自然保护区发展存在不均衡现象。目前在 9 个自然保护区类型中，森林生态系统类型最多，超过了自然保护区的一半，其余依次为野生动物型、内陆湿地和水域生态型，三种自然保护区数量占到保护区总数的 85% 以上。在面积大小方面，荒漠生态自然保护区占保护区总面积超过了 1/4。而地质遗迹类型自然保护区，无论在面积和数量上面都明显偏少。

表 2-5　2014 年国家级地质遗迹类型自然保护区统计表

Table 2-5　National Geological Heritage Type Nature Reserve

序号	保护区名称	行政区域	面积/hm²	主要保护对象	始建时间	主管部门
1	蓟县中、上元古界地层剖面	天津市蓟县	900	中上元古界地质剖面	1984-10-18	环保
2	柳江盆地地质遗迹	河北省抚宁县	1395	标准地质剖面、典型地质构造等地质遗迹	1999-05-14	国土
3	泥河湾	河北省蔚县、阳原县	1015	新生代沉积地层	1997-02-18	国土
4	成山头海滨地貌	辽宁省大连市金州区	1350	地质遗迹及海滨喀斯特地貌	1989-04-01	环保
5	四平山门中生代火山	吉林省四平市铁东区	1062	中生代白垩纪流纹岩火山地貌	2000-09-18	国土
6	伊通火山群	吉林省伊通满族自治县	764.8	基性玄武岩"侵出式"火山地质遗迹和火山景观	1983-01-01	环保
7	靖宇	吉林省靖宇县	15038	火山群地质遗迹及火山型天然矿泉群	2002-11-29	国土
8	大布苏	吉林省乾安县	11000	地质遗迹、古生物遗迹、湿地生态系统及珍稀鸟类	1993-03-12	国土

序号	保护区名称	行政区域	面积/hm²	主要保护对象	始建时间	主管部门
9	五大连池	黑龙江省五大连池市	100800	火山地质遗迹及矿泉水资源	1980－03－29	国土
10	长兴地质遗迹	浙江省长兴县	275	全球二叠—三叠系界线层型剖面、长兴阶层型剖面及古生物化石	1980－03－14	国土
11	马山	山东省即墨市	774	柱状节理石柱、硅化木等地质遗迹	1993－01－13	环保
12	丹霞山	广东省仁化县	28000	丹霞地貌	1995－10－28	国土
13	火石寨丹霞地貌	宁夏西吉县	9795	丹霞地貌地质遗迹及自然人文景观	2002－12－16	国土

资料来源：2014 年全国自然保护区群名录[M]，中国环境出版社，2015.

2.2　我国自然保护区的发展

2.2.1　发展概况

自 1956 年建立广东鼎湖山自然保护区以来，我国自然保护区建设数量上从无到有，规模上从小到大，初步形成了布局较为合理、类型较为齐全、功能较为健全的全国自然保护区网络。

回顾 50 多年来的保护区发展历程，可以清晰地将其分为如下 5 个阶段[64]：初创阶段（1956—1965 年），停滞、破坏阶段（1966—1976 年），恢复阶段（1977—1980 年），增长阶段（1981—2000 年），科学规划与有效管理阶段（2001至今）。

截至 2014 年底，全国共建立各种类型、不同级别的自然保护区 2729 个，保护区总面积约 14699 万 hm²。其中国家级自然保护区 428 个，面积 9652 万 hm²，分别占全国自然保护区总数和总面积的 15.68% 和 65.66%；地方级自然保护区总数达 2301 个，总面积达 5048 万 hm²，其中省级自然保护区 858 个，面积 3778 万 hm²，地市级自然保护区 414 个，面积 473 万 hm²，县级自然保护区 1029 个，面积 796 万 hm²（图 2-1）。

2.2.2　存在的问题

我国自然保护区的建设对保护我国的生物多样性和其他自然资源以及自然环境发挥了巨大作用，并且许多深层的长远的作用至今尚未表露。但是我国自然保护区的进一步发展尚面临着很多急需研究和解决的问题。

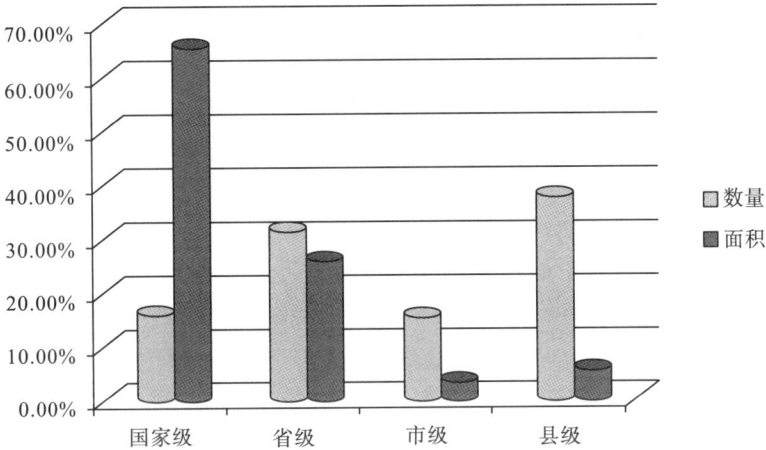

图 2-1　2014 年全国自然保护区各级别比例图（据全国自然保护区名录，2014）[1]

Figure 2-1　Scale Maps of Classes of Chinses Nature Reserve in 2014

1. 最重要的问题——管理体制问题

我国的自然保护区在横向上实行的是多部门管理，从 2014 年底全国自然保护区统计资料来看，目前我国建立并管理自然保护区的部门有林业、国土资源、环保、农业、海洋、水利、建设、旅游、中医药等 10 多个部门（图 2-2）。由于受部门体制的制约，综合管理部门与具体主管部门之间缺少主动的沟通和协调；同时，综合管理部门对各部门的自然保护区在政策指导与监督检查方面也很难有所作为。

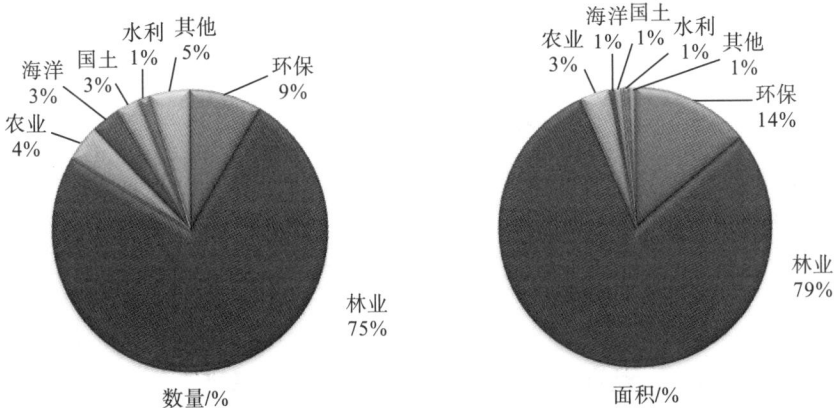

图 2-2　2014 年各部门管理自然保护区比例（据全国自然保护区名录，2014）[2]

Figure 2-3　Scale Drawing of Each Department Manage Nature Reserve in 2014

注：其他包括科研院所、高等院校、旅游等部门

在纵向上实行分级管理体系，按行政级别划分为国家级、省级、市级、县级，通常级别越高，重视程度越高，资金、政策倾斜度越高，造成低级别保护区

往往有名无实。我国《自然保护区条例》(1994)第二十一条规定"国家级自然保护区，由其所在地的省、自治区、直辖市人民政府有关自然保护区行政主管部门或者国务院有关自然保护区行政主管部门管理"。实际上较为普遍的是业务由省（区）级地方政府行政主管部门管理，行政由市级地方政府行政主管部门管理，实行业务与行政分离的管理体制。这种管理体制存在着职责不清、权利不明的弊病。按照目前的管理体制，自然保护区划定后，担子几乎全落到了地方政府头上[65,66]。批而不建、建而不管的现象还广泛存在。当地政府不仅要承担养护费用，不少经济活动却受到限制而得不到补偿。特别是现在一些自然保护区对地方经济的带动作用不大，还要在不宽裕的财政中"掏腰包"养保护区一班人，所以保护区就成了"包袱"，保护区工作也就得不到重视和支持[67]。

2. 最棘手的问题——资金投入问题

自然保护区缺乏资金支持是目前国际上普遍的现象。大自然保护协会副总裁菲利普·塔巴斯(Phillip Tabas)表示，根据学界不同的研究结果，中国保护区每平方公里的保护投入在 337～718 元人民币，而发展中国家的平均水平为 997 元人民币，发达国家高达 13068 元人民币[68]。据统计，2013 年，我国 1262 个国家级和省级自然保护区的资金投入规模为 183.88 亿元，平均每个自然保护区投入 1457.06 万元，单位面积的平均投入为 13801.42 元/km²。我国对自然保护区的投入，虽然在 2009—2013 年的 4 年之间增加了 2.45 倍。但是，对比发现，我国对自然保护区的资金投入总量略低于美国国家公园，单个国家级自然保护区的投入仅是单个美国国家公园投入的 74.8%，国家自然保护区单位面积的投入仅占美国国家公园单位面积的 27%[69]。保护区人均经费远少于保护区日常管理人均 2 万元的需求，政府拨款仅占所需经费的 33.3%[70]。经费不足严重制约着自然保护区职能的发挥，也是保护效率下降的主要原因之一。

《中华人民共和国自然保护区条例》第二十三条规定："管理自然保护区所需经费，由自然保护区所在地的县级以上地方人民政府安排。国家对国家级自然保护区的管理，给予适当的资金补助。"但我国自然保护区的发展正处在一个特殊的历史时期中，在目前经济水平的限制下，我们还不具备由政府完全承担保护区投入的条件，很多保护区经费严重不足。投资不足的后果之一是机构不健全。到 2014 年年底止，全国自然保护区建立管理机构的仅有 1852 个，仅占总数的 67.94%[1]。后果之二是资源开发与保护的矛盾加剧。后果之三是人员素质较低，管理力量薄弱[71]。

3. 最根本的问题——社区发展问题

我国的保护区大多建在西部贫困山区，是我国贫困人口，特别是少数民族贫困人口的聚居地。据统计，在我国 540 个国家级贫困县中，195 个贫困县内有国家、省、市、县等各级保护区 277 个。也就是说，超过 1/3 的贫困县县域范围内有我国近 1/4 的自然保护区[72]。

传统的生活方式决定了保护区周边群众"靠山吃山"这一事实。自然保护区的建立，社区居民的生活习惯和生产方式在一定程度上受到影响，特别是在资源消耗上受到严格限制，而又没有提供到位的补偿，新的替代发展途径短期内还未形成，从而减少或失去了社区发展的机会，势必会加剧他们的贫困程度，导致保护区与周边群众关系紧张。另一方面，一些自然保护区把社区居民排除在保护管理之外，社区没有参与保护区管理及从中获益的权利和机会，同时也缺乏科学合理的制度安排来推动这种利益分配机制。这必将激发社区居民与保护区的矛盾，不利于保护区的可持续发展。

保护区社区居民以牺牲自身利益来承担自然保护的巨大社会成本。因此如何使社区从保护中得到发展，是关系到保护区可持续发展的关键，也是世界范围内保护区建设与发展的难题之一。

2.3　自然保护区保护性开发的必要性

2.3.1　保护与开发的辩证关系

保护和开发两者具有辩证统一的关系。这里所指的保护是保护自然保护区生物多样性和生态环境，满足人类发展的需求和生态动态平衡；开发是指充分利用自然保护区的资源和环境，促进区域社会经济的发展。两者的统一关系体现在，保护的目的是为了发展利用，发展利用是为了更好地保护。

全面认识保护和开发的关系促进自然保护区的可持续发展。开发对保护产生的作用取决于人为管理，而不在于开发本身。通过实施科学有效的管理，规避不利的一面，充分发挥有利一面，进而实现"保护中开发，开发促保护"的良性循环，使自然保护和社区发展协调共进，这才是保护区的发展之路。如果对自然保护区进行封闭式保护，只供少数人欣赏和专家研究，这只能做到"有限保护"，而不能真正做到"有效保护"。

2.3.2　国际发展趋势

自 1864 年美国首次掀起"自然保护运动"，并于 1872 年建立世界上第一个自然保护区——美国黄石国家公园以来，仅 100 多年的时间里，保护区在世界上各个地区得到迅速的发展。到 20 世纪末，几乎每一个国家都通过立法设立了保护区[73]。2003 年，全球保护区已达到了 102102 个，占地球陆地总面积的 12.6%[74]，至今保护区数量仍处在迅速增长的趋势之中。保护地的建设是人类面对生物多样性急剧减少和生态环境恶化所采取的一项保护性措施。但是，如何有效地发展这些保护地，则成为各国急需解决的一个重要问题。

20 世纪 70 年代以来，人们对保护地的理解和管理思路产生了革新性的变化，开始认识到对物种和生境的保护要寓于人类的生产和经营活动之中，在可持续发展的原则指导下将保护与发展结合起来[75]。其中颇具代表性的是联合国教科文组织（UNESCO）提出的生物圈保护区概念。生物圈保护区的先进理念和二十几年的实践使我们认识到，第一，从更广阔的角度来认识和发挥自然保护区的生态、社会、经济、科学、文化多方面价值和作用，并不断适应社会经济的发展变化；第二，保护自然不能把人排斥在外，"孤岛"和"堡垒"式的封闭保护已经完全不合时宜；第三，生物多样性的保护应当与文化多样性的保护结合起来；第四，全面发挥保护区的功能需要实行伙伴式的合作管理[76]。在这种新的保护思想的指导下，许多发达国家在对自然公园的认识是均不采取绝对的保护，而是合理保护，适度开发，向游客展示自然公园的环境特色或人文特色[77]。当前全球保护区的发展新动向就是将保护从孤岛式管理转向网络式经营，把保护区与区域社会和经济发展密切结合起来。

2.3.3　中国国情需要

中国对自然保护区的保护基本上都是采取强制性地在资源管理上实行封闭式的保护措施。究其原因，是中国多数自然保护区在建立时，主要是出于对资源和物种进行抢救式保护的考虑，这在一定程度上决定了中国只能采取强制性和封闭式的保护措施。当然，通过这种方式，中国也取得了不少成就。但是随着社会经济的发展，中国自然保护区的建设和管理，也同样面临着保护和发展的冲突和平衡。特别是中国特有的国情决定了国家和地方政府目前还不可能拿出足够的经费来解决各自然保护区的管理与建设投资。

如前所述，我国自然保护区大部分处于欠发达地区，尤其是西部少数民族地区，社会经济发展程度普遍较低，人民生活水平不高，存在着保护与贫困的矛盾。对社区居民而言，一味地谈保护似乎是能力之外的事情，贫困往往是导致生态环境破坏的第一位动因。保护生态环境，首先要消除贫困；要消除贫困，除了依靠国家支持外，最可靠的办法是合理开发利用资源。

统计数据表明，2008 年我国自然保护区的数量增长已呈现停滞甚至减少的趋势。与 2007 年底相比，全国自然保护区数量仅增加 7 个，面积减少了 294 万 hm²，其中国家级自然保护区面积减少 246 万 hm²。这在我国自然保护区现代史中还是首次出现负增长的情况，值得我们高度重视。当前我国自然保护区的面积已经比较大，而日益突出的保护与开发矛盾是造成这一情况的重要原因[1]。

对自然保护区实行封闭式保护，不能充分体现自然保护区的社会价值和公共属性，制约了人类与大自然的接触。我们应该清醒地认识到，在经济落后的少数民族地区，经济可持续发展是环境可持续发展的前提。因此，在保护区的保护目标实现的前提下，应该充分利用自然保护区的环境优势和资源优势，在实验区和外围区合理开发，适度经营，是自然保护区提供公共服务、协调上述矛盾的一条可行途径。

2.4　生态旅游：自然保护区保护性开发的重要途径

2.4.1　生态旅游的内涵

生态旅游(ecotourism)一词最早是由世界自然保护联盟生态旅游特别顾问Lascurain 于 1988 年提出。此后不同学科背景的专家学者各抒己见，从不同的角度对生态旅游进行了阐述，至今尚未有统一的定义。从中外关于生态旅游的定义中，可以总结出一些共识，即生态旅游是负责任的旅游，它不仅尊重目的地原有生态的完整性，并且积极地为当地社会经济发展和生态保护做贡献，生态旅游应该达到保护自然与发展经济的双重目的[78]。和一般的观光旅游相比，生态旅游具有许多独特的特点，如活动对象的自然性，以生态文明观为基础的高品位性，可持续性及参与性和教育性。

生态旅游的目标是实现旅游地与周围社区的可持续发展，但这并不代表生态旅游就是可持续旅游。生态旅游是可持续旅游的实现形式之一，在与旅游地其他产业之间的平衡中达到可持续发展的要求。生态旅游与自然旅游也有区别。自然旅游是"前往尚未受到破坏的地方体验和享受自然"[79]。强调旅游的动机和单个旅游者的行为，并不必然是可持续性的。相反，生态旅游强调特定的可持续发展的价值观。

2.4.2　生态旅游对自然保护区的促进作用

如前所述，在保护目标可以实现的前提下，应该充分利用自然保护区环境优势和资源优势进行科学合理的利用。《中华人民共和国自然保护区条例》(1994)第 18 条规定："自然保护区可以分为核心区、缓冲区和实验区。……实验区，可以进入从事科学试验、教学实习、参观考察、旅游以及驯化、繁殖珍稀、濒危野生动植物等活动。"目前，我国自然保护区资源利用主要有林下种植、养殖、林产品利用以及旅游等几种方式。其中前三种方式是属于对自然资源、环境影响较大的利用方式[80]。生态旅游是要实现保护与发展的共生，符合自然保护区的发展目标。同时，生态旅游是在保护旅游资源和环境基础上开展的一种旅游活动，是一种强调保护当地资源的旅游。因此，生态旅游是保护区资源利用的最佳方式，是自然保护区保护性开发的重要途径。生态旅游对自然保护区的发展具有如下促进作用：

1. 生态旅游为自然保护区发展筹集资金

如前 2.2.2 所述，经费不足是我国自然保护区最棘手的问题，严重制约着自然保护区职能的发挥。生态旅游为自然保护区开辟了新的融资途径，增加了保护区的收入，使得自然保护区环保设施得以建立，使环境保护工作可以落到实处，切实提高保护区的综合管理水平和资源管护能力，为"以保护区养保护区"创造物质条件，促进保护区的良性循环。

2. 生态旅游为自然保护区创造和谐的社区环境

生态旅游的核心目标是把自然保护区的保护和促进当地社会经济的发展相结合。生态旅游也是一个关联性很强的产业，可以带动一大批相关产业的发展，增加了就业机会，使社区居民从中获得较大利益，从而带动落后山区经济发展，这样就可以有效协调自然保护区区域社会经济发展与生物多样性资源保护之间的矛盾，协调自然保护区与当地社区、地方政府的矛盾，为保护取得发展创造和谐的发展环境。

3. 生态旅游可增强公众的自然保护意识

首先，我国的自然保护区多数处于边远偏僻山区，加上长期以来政府重视不够，宣传很少，且国民生态环保意识薄弱，大多数人对自然保护区知之甚少。自然保护区生态旅游活动的开展，提高了保护区的社会知名度，增强了公众的自然保护意识。其次，通过生态旅游的运作模式，不仅对旅游者，同时也对保护区内的管理者、居民和经营者进行生态环境保护教育，有利于公众了解自然及认识环境问题的紧迫性，可以大大提高大家对资源保护的自觉性和主动性。

现阶段，我国的自然保护区开展生态旅游虽然出现了很多的问题，但究其原因不是生态旅游理论的问题，根本的原因在于实践过程中背离了生态旅游原则所致。理论是实践的指导，实践是理论的基础。因此，有必要进一步提升和完善生态旅游的理论，并在实践中检验，为实践服务，随实践的发展而发展。本书就是从生态旅游角度对自然保护区的保护性开发进行理论探索和实际运用。

第3章 自然保护区保护性开发的模式构建

3.1 自然保护区保护性开发的内涵

3.1.1 概念

旅游开发是指为了发挥、提高和改善旅游资源对游客的吸引力，使得潜在旅游资源优势转化为现实的经济优势，并使旅游活动得以实现的技术经济活动[81]。

保护性开发是指在某一特定时间段内，为达到更好保护的目的，针对某一地区所具有的特殊自然、社会文化等景观，通过政府、专家及社区等多方参与，以跨学科合作的方式做出的合理开发[82]。

保护性旅游开发是指以旅游资源保护为前提，以市场需求为导向，发展旅游业为目标，在可持续发展理论的指导下，有组织有计划地对旅游资源加以利用，以实现生态、社会、经济效益的协调发展[83]。

作者认为，自然保护区保护性旅游开发是指以保护为根本前提，科学地对自然保护区的旅游资源进行开发与利用，以实现自然保护区的可持续发展为最大目标。

3.1.2 特征

与传统旅游相比，自然保护区保护性旅游开发具有以下特征。

1. 保护性

自然保护区不同于一般的旅游区，自然保护区的保护性旅游开发强调保护第一，开发第二。与传统的旅游开发相比，自然保护区的保护性旅游开发强调在有效保护的前提下进行有限开发，坚持资源的保护和可持续发展的原则，以合理开发来促进有效保护，从而促进自然保护区可持续发展。

2. 开放性

自然保护区是大自然赋予人类的共同财富。自然保护区的保护性旅游开发强调对自然保护区的保护和利用应该走出传统的封闭管理模式，通过各种认知、交流和沟通，使自然保护区的生态功能得到充分的认识，进而引起人们对其保护更加关注。

3. 专业性

自然保护区拥有丰富的生物资源和复杂的生态环境。自然保护区的保护性旅游开发出来的旅游项目应使游客在短暂的旅游活动中融入大自然，享受大自然，感悟大自然，了解大自然，从而保护大自然。这样的旅游项目需要专业性的人才来完成，其旅游活动的管理也需要专业性的人才来进行。

4. 自然性

自然保护区具有独特的自然生态风光和优美的自然环境。自然保护区的保护性旅游开发设计的旅游项目、旅游线路和建设设施应该融入自然环境，使游客体验大自然的和谐之美。

3.1.3　原则

1. 原生性原则

自然保护区尤其是国家级自然保护区与世界遗产一样属于"遗产资源"，遗产资源的价值是独一无二的，具有不可替代性。遗产旅游经营创新的关键是遗产原真价值的展示。在自然保护区保护性旅游开发时，也要尽量保持生态旅游资源的原始性和真实性，要求不仅要保护旅游景观的自然形态和野趣，而且保护当地特有的传统文化，避免因开发造成文化污染。旅游接待设施应与当地自然及文化相协调，追求整洁朴素、原汁原味而不求华丽高档，保证当地天人合一的意境不受损害。

2. 保护优先原则

在自然保护区保护性开发中，应把环境与自然资源保护放在优先的位置加以考虑，在环境利益和其他利益发生冲突的情况下，应当优先考虑环境利益，严格禁止以牺牲环境利益为代价，换取经济的发展。自然保护区的保护性旅游开发坚持生态效益与社会效益、经济效益相统一达到提高自然保护的效率和有效性，实现可持续发展。

3. 社区参与原则

社区参与是实现自然保护区保护、利用和可持续发展的关键。自然保护区的开发应该是旅游者的需求满足与旅游地利益实现的双赢过程。社区居民参与自然保护区的保护性开发，一方面可增强地方特有的文化气氛，丰富保护区的生态旅游资源内涵，另一方面，可以实现社区居民脱贫致富，促进社区社会经济发展，促进居民对生态环境、生态旅游资源的自觉保护。

4. 管理法治性原则

对自然保护区的保护与开发，必须遵照国家制定的相关的保护性法律法规文件，如《野生动物保护法》、《水法》、《森林法》和《自然保护区管理条例》，加强科学环境管理，避免旅游活动与保护目标冲突，以有效保护自然保护区生态资源环境。进行环境影响评价、环境监测与环境审计，并使之制度化管理，杜绝一切破坏环境资源的现象。

3.2　自然保护区保护性开发的理论基础

3.2.1　自然保护区学理论

1. 概述

自然保护区学是一门新兴的交叉学科，主要研究自然保护生物学原理、自然保护区体系构建理论、自然保护区工程设计和自然保护区经营管理理论与技术。主要涉及以下领域：①自然保护区建设与管理，主要包括自然保护区规划设计理论与方法、自然保护区体系管理和单体自然保护区建设与管理；②自然资本评估与管理，主要包括自然生态系统自然资本评估与管理、野生生物资源自然资本评估与管理、自然资本运作理论与方法；③生物多样性保护与利用研究，包括珍稀物种濒危机制及小种群恢复途径、濒危物种扩繁与迁地保护技术、自然保护区资源生物的开发利用与保护技术、自然保护区景观多样性资源的开发利用与保护技术等；④濒危野生动植物资源监测理论与方法研究，包括野生动植物濒危程度评价、野生动物种群监测、植物多样性动态监测、植物群落稳定性研究等[84]。

2. 对自然保护区保护性旅游开发的指导作用

自然保护区学理论为自然保护区的保护性开发奠定了基础。自然保护区学为人们了解自然保护区、开发利用自然保护区积累了丰富的知识，提供了大量的理论依据，也为人们在保护区内开发生态旅游资源奠定了基础。自然保护区学的理论成果使自然保护区生态旅游的科学文化品位得以提升。生态旅游是旅游发展高级化的产物，具有专业性和高品位性的特点。旅游者通过参与自然保护区的生态旅游活动，走向自然保护区、了解自然保护区，获取自然保护区科学的理论知识，可使旅游者获得全新的知识，得到高尚的精神和物质享受。同时，自然保护区的科学研究方法可为自然保护区的生态旅游研究提供有益的借鉴。

3.2.2 可持续发展理论

1. 概述

可持续发展是指既满足当代人的需要，又不对后代人满足其需要的能力构成危害的发展。可持续发展是人类面临生存危机，对未来生存和发展道路的正确选择。核心是正确处理人与人、人与自然之间的关系。可持续发展的含义深刻，内容丰富。概括起来讲，可持续发展的基本观点主要包括以下六个方面：①可持续性，包括人类发展的横向平衡性和纵向永续性；②公平性，包括人类发展的代内公平和代际公平；③共同性，人类共同居住一个星球上，是一个相互依存、相互联系的整体，有着共同的根本利益；④协调性，人类社会与自然环境的协调、人类社会各系统之间的协调、人口数量和增长率与不断变化的生态系统生产潜力的协调、国家或地区社会经济各领域的协调、国际范围内的协调等是可持续发展的关键；⑤需求性，发展的主要目的是满足人类需求，包括基本需求和高层需求，不但要满足当代人的需要，还要满足后代人的需求；⑥限制性，没有限制就不可能持续，可持续发展不应损害支持地球生命的自然系统。

2. 对自然保护区保护性旅游开发的指导作用

可持续发展理论对自然保护区保护性旅游开发的指导意义，充分体现在《可持续旅游发展宪章》中确立的可持续旅游发展原则中[85]：①旅游发展必须建立在生态环境的承受能力之上，符合当地经济发展状况和社会道德规范。②可持续旅游发展的实质，就是要求旅游与自然、文化和人类生存环境成为一个整体。③必须考虑旅游对当地文化遗产、传统习惯和社会活动的影响。④保护自然和文化资源，并评定其价值为我们提供了一个特殊的合作领域。⑤有关各方共同协商之后认为，地方政府要下定决心，保持旅游目的地的质量和满足旅游者需求的能力。两者应为旅游发展战略和旅游发展规划项目的主要目标。⑥为了与可持续发展相协调，旅游必须以当地经济发展所提供的各种机遇作为发展的基础。⑦环境和文化易破坏的地区，无论现在还是将来，在技术合作和资金援助方面要给予优先考虑，以实现可持续旅游发展。⑧对旅游和环境有责任的政府、政府机构和非政府机构应当支持并参与建立一个开放信息网络，以便交流信息，开展科学研究，传播适宜的旅游和环境知识，转移环境方面的可持续发展技术。⑨需要加强可行性研究，支持普及性强的科学试点工作，落实可持续发展框架中的旅游示范工程，扩大国际合作领域的合作范围，引进环境管理系统。⑩旅游活动的主要参与者，特别是旅游从业人员坚决遵守这些行为规范，是旅游可持续发展的根本所在。这些行为规范是形成有责任感的旅游活动的有效方法等。

3.2.3　生态伦理学理论

1. 概述

　　生态伦理学是 20 世纪 70 年代以来兴起的一门研究人与大自然(包括一切生物和非生物)间相互关系以及人对于大自然应具有的优良态度和行为准则的学科。生态伦理学的一个革命性变革就在于，它在强调人际平等与代际公平的同时，试图扩展伦理的范围，把人之外的自然存在物纳入伦理关怀的范围，用道德来调节人与自然的关系。当代环境伦理学生态伦理学认为，生态环境的保护，不仅需要政策法规的支持，更需要伦理道德的关怀。生态伦理观要求人们应该在确认人的价值和权力的同时，确认自然界的价值和权力。生态伦理观要求人类应该对大自然负有责任，有义务保护生物的多样性，维护生态环境的健康发展。生态伦理学最基本的道德规范就是尊重生命、尊重生态系统和生态过程。

2. 对自然保护区保护性旅游开发的指导作用

　　生态伦理学理论贯穿在自然保护区生态旅游资源保护与开发的全过程。在自然保护区的旅游项目设计中，生态伦理观规范了自然保护区旅游项目"原真性"风格。充分遵照生物保护的要求进行项目设计。在保护性开发中，必须建立游客中心、解说标示牌等辅助设施，以多种形式和手段宣传生态伦理学，加强生态旅游教育。强调维护生物多样性，在旅游建设中，修路、架桥、修建服务设施等工程施工都有可能对生物多样性产生不利影响，而要采取生态旅游资源的开发与保护并重的原则，根据生态环境价值高低和脆弱程度制定开发顺序和保护等级，建立保护体系。生态伦理学倡导文明的消费观，减少自然保护区资源消耗是生态伦理学的重要观点。

3.2.4　景观生态学理论

1. 概述

　　景观生态学是 20 世纪 70 年代以后蓬勃发展起来的一门新兴的交叉学科。它以生态学理论框架为依托，吸收现代地理学和系统科学之所长，研究景观和区域尺度的资源、环境经营与管理问题，具有综合整体性和宏观区域性特色，并以中尺度的景观结构和生态过程关系研究见长[86]。自 80 年代后期以来，逐渐成为世界上资源、环境、生态方面研究的一个热点。国际景观生态学会给出的最新景观生态学定义是，它是对于不同尺度上景观空间变化的研究，包括景观异质性的生物、地理和社会的原因与系列，以空间研究为特色，属于宏观尺度空间研究范畴，其理论核心集中表现为生态整体性和空间异质性两方面。

景观生态学认为景观的结构通常用斑块（patch）、廊道（corridor）、基质（matrix）和缘（edge）来描述。斑块原意指物种聚集地，从生态旅游景观讲，指自然景观或自然景观为主的地域。廊道是不同于两侧相邻土地的一种线状要素类型。从生态旅游角度讲，主要表现为旅游功能区之间的林带、交通线及其两侧带状的树木、草地、河流等自然要素。基质是斑块镶嵌内的背景生态系统。其大小、孔隙率、边界形状和类型等特征是策划旅游地整体形象和划分各种功能区的基础。缘，又称边缘带，其作用集中表现为边缘效应。景观生态学认为景观系统在结构和功能方面会随时间推移而发生变化，即景观变化。景观变化是自然干扰和人为干扰相互作用的结果，人为干扰在景观变化中起到越来越重要的作用，而这两种干扰又受制于景观格局。在生态旅游目的地，主要表现为人为干扰的影响。

2. 对自然保护区保护性旅游开发的指导作用

景观生态学研究景观的结构、功能和变化，强调景观多样性的保护和稳定性的维持，并着重研究人们的活动对景观的生态影响，这与自然保护区的保护目的相一致，为旅游主客体及其相互作用提出了更高的要求。在保护性开发中，应该将自然保护区生态旅游景观资源作为一个整体系统进行开发建设，从整体的高度上，密切协调宏观和微观之间的关系，强调自然保护区生态系统的稳定性和自然规律，从而避免保护区人为分隔。在保护性开发中，针对区域内的特色旅游资源，充分考虑其美学价值，建设风格别具的生态旅游片区，推出独特的生态旅游产品，从而维持景区景观多样性，促进生态旅游可持续发展。

3.3 自然保护区保护性开发的经验借鉴

3.3.1 国内经验借鉴

1. 案例分析

目前我国自然保护区的生态旅游开发主要有三种类型：一种是在部分自然保护区借鉴国际上生态旅游经验开展小规模的生态旅游，比如王朗国家级自然保护区。一种是在旅游资源吸引力较强的自然保护区开展大众化的"生态旅游"。这种是沿用传统的大众观光或度假模式开发，与传统的大众旅游不同的是在旅游规划和旅游项目开发中注重环保意识。这一类型的自然保护区数量多，影响大，其中较为成功的是九寨沟国家级自然保护区。第三种情况是相当多数量的自然保护区打着"生态旅游"的旗号进行粗放的旅游开发，没有科学的规划设计，从没有贯彻环境保护的意识。

1）王朗国家级自然保护区

王朗国家级自然保护区成立于 1965 年，是全国最早的四个大熊猫保护区之一。位于四川省绵阳市平武县西北部，是岷山山系的腹心地区。与保护区相邻的社区主要为平武县的白马藏族乡。王朗的生态旅游是在世界自然基金会（WWF）的指导和帮助下于 1999 年启动的。由于引进了国际上先进的生态旅游理念，得到了国内外专家的支援，王朗的生态旅游一开始就具有鲜明的特色。保护区经过几年的努力，生态旅游在保护区有了长足的发展，并取得可喜的成功经验。2001年 9 月，王朗自然保护区通过了澳大利亚自然与生态旅游认证项目（NEAP）组织认证标准的"高级生态旅游认证"，2002 年 5 月被 NEAP 作为发展中国家生态旅游基准向世界生态旅游大会推荐，同年由省级自然保护区升级为国家级自然保护区。2005 年王朗的生态旅游又通过了"绿色环球 21"生态旅游认证达标阶段的评估。在生态旅游发展的同时，王朗的管理、科研、环境教育、监测巡护等工作都得到了全面的发展。王朗自然保护区因此三次被国家林业局评为"全国自然保护区管理先进集体"。并且因为在有效管理、生态旅游、科研合作等方面的突出成就，而被列为 51 个"全国示范保护区"之一。王朗在生态旅游开发过程中引进了国际上的生态旅游经验，采取小规模[87]分阶段进行，低容量，小团队运作，每日游客容量为 50 人，主要选择了科学工作者、学生、教师、国际生态旅游者等几类"小众"作为主要目标市场[88]，根据目标市场推出个性化高品质的旅游产品。

2）九寨沟国家级自然保护区

九寨沟国家级自然保护区位于四川省阿坝藏族羌族自治州境内，因景区内有9 个藏族村寨而得名，以"翠海、叠瀑、彩林、雪峰和藏情"五绝而著称。1978年九寨沟在结束长达 20 年的天然林砍伐后，开始建立为国家自然保护区，1984年被设为第一批国家级重点风景名胜区，1992 年被联合国教科文组织列入《世界自然遗产名录》，此后，年游客数迅速攀高。1999 年被联合国教科文组织"人与生物圈计划"核准认定为世界生物圈保护区，2002 正式年通过"绿色环球 21"的专家认证，并作为最佳旅游目的地向全世界推荐，同年九寨沟接待中外游客超过 100 万人。目前景区的最高生态承载量达到 2.8 万人，最佳生态承载量 1.8 万人[89]。经过二十余年的创业发展历程，九寨沟从一条鲜为人知的山谷变成我国唯一拥有三项国际桂冠的著名景区。

九寨沟国家级自然保护区的旅游开发是依托世界级精品旅游资源开发大众化的"生态旅游"。为了实现大众观光的保护性开发，通过科学管理改进已开发区域的大众观光游，如开通限制尾气排放的绿色环保观光车；最先建成以环保教育为主要功能的游客中心；实现"沟内游，沟外住"格局；实施"限量旅游"政策。利用"数字九寨"系统的智能化监控手段，引导进沟游客在时间和空间上的合理布局，以达到保障旅游质量和保护景区生态系统的目的。此外，景区大量投资新建和改建了一大批基础建设项目，配套完善了服务设施，极大提升了景区的环保水平和大众旅游品味[90]。

2. 经验及启发

王朗的小规模生态旅游开发模式以最小的环境代价获取保护区保护与发展，符合自然保护区的保护第一的战略目标，是一种值得其他自然保护区借鉴的可持续旅游模式，特别适应那些环境脆弱、生态敏感、环境容量小、干扰抗逆性弱、资金不足的自然保护区。但这种"高层次、高品牌、高消费、小容量"[91,92]的模式，在我国现阶段国情下，自身的生存将遇到极大的挑战。

与王朗国家级自然保护区的小规模开发不同的是，九寨沟国家级自然保护区在大众化自然旅游开发中采取大投入、高产出的模式，实行大众观光的保护性开发，在促进区域经济发展的同时，也推动了保护区的建设与管理。这种模式采取的保护性开发措施值得其他自然保护区借鉴。但这种模式对环境影响大，资金要求大，适应那些环境不脆弱、生态不敏感、环境容量较大、干扰抗逆性较强、资源品位高的自然保护区。这种开发模式适合目前处于大众旅游时代和经济发展时代的中国，但是在开发过程中应特别注意对生态环境的保护。

笔者认为，上述两种保护性旅游开发模式有利有弊，并不是万能药，也不是标签，每个保护区应该根据自身情况具体确定，甚至可以考虑将这两种模式在同一保护区不同区域内综合应用。

3.3.2　国外经验借鉴

1. 案例分析

随着自然保护事业的发展，保护区的类型和种类在不断增添，在不同国家不同历史时期对同一保护区的名称各不相同，各国习惯用的名称也不同。国家公园是世界自然保护事业中的一项重要建设和基本设置，也是开展自然保护工作的重要基地。国家公园，源于古老的自然保护概念，兴于美国，随后在世界范围得到发展并逐步成熟。

1）美国国家公园

自 1872 年创办黄石国家公园至今的 100 多年时间里，美国颁布了一系列关于国家公园的法律、法规、标准、指导原则、公约、执行命令，逐步形成了一套源于这些法律法规的国家公园管理体系和运行机制[93]。在管理模式上，采取一元垂直领导，全国 360 多个不同类型的国家公园、保护区、历史遗迹纪念地都归国家公园管理局及其分局统一管理。在人事管理方面，由公园管理局统一任命调配，正式雇员都要通过公务员考试来选拔，还要进行有关专业知识和专业技能培训。管理与经营分离，经费主要靠政府拨款，部分靠私人或团体捐赠，门票收入用于环境和资源保护建设及环保宣传教育支出。对于公园的经营性项目，严格按规划建设，并采取特许经营权公开招标的方式。

2）加拿大国家公园

加拿大是一个自然资源极为丰富、环境十分优美的联邦制国家，全国划分10 省 2 区。加拿大是世界上建立国家公园历史最早的国家之一，现有国家公园39 处，建成省立公园 1800 多个。公园局是管理国家公园的最高联邦机构，和各省、地区共同负责管理。加拿大作为一个联邦制国家，在建立具有国家公园重要性的自然保护区方面已成为国家、省和地区之间密切合作、共同努力的典范。分区制是加拿大国家公园进行规划、发展及管理方面最重要的手段。具体而言是将公园划分为 5 个区，第一种是绝对保护区，第二种是杜绝人类干扰的荒野区，第三种是开展旅游活动的自然环境区，第四种是户外娱乐区，第五种是公园服务区。加拿大公园局鼓励私营部门包括非政府组织以特许经营的方式介入国家公园内开设的旅游项目。

3）澳大利亚国家公园

澳大利亚是联邦制国家，联邦政府对各州土地并无直接管理权。目前自然保护局是联邦政府设立的自然保护主管机关，它在自然保护管理方面，对外代表国家签订国际协定，履行国际义务，对内负责处理土著居民事务，促进各州、地区之间的合作与沟通。各州政府对建立和管理本州范围内的国家公园以及其他自然保护区承担责任。澳大利亚国家公园的经费主要来源于政府拨款。澳大利亚国家公园采取所有权与经营权相分离的经营方式，由企业或个人经营，国家公园局进行监督、管理。澳大利亚国家公园法规定实行分区制，把旅游服务设施安排在区外，使区内保持一个完整的真实的自然文化遗产。

4）日本国家公园

日本的国家公园都依照每五年修订一次的《自然公园法》进行规划管理，由国家环境署署长主管，自然保护委员会协管。日本重视保护区的建设，保护区实行土地所有权和经营管理权分离，即不论是国有土地、道有土地，还是私有土地，一旦划为保护区，一律交由环保部门统一管理，经费纳入同级政府财政预算。在公园的自然保护方面，日本的国家公园分为特别区、海洋公园区和普通区，对不同区域规定有不同的行为限值，并规定在公园内严格控制对环境产生影响的人类活动。

2. 经验及启发

世界各国对以国家公园体系为代表的保护区的管理和经营方式各具特色，但大多数遵循了依法管理、严格保护、特许经营的基本原则。就资源保护与可持续利用而言，有诸多值得借鉴之处。具体而言包括，法律法规保障体系完备，管理机构独立权威，严格科学的规划管理，多渠道的经费来源，成熟的监督参与保障机制，重视社区参与等。当然国外国家公园在发展过程中也走过一些弯路，也有许多教训，比如，科研重视不够，扩张质量不高、旅游开发过度、预算瓶颈约束和社区发展不足[94]。

笔者认为，由于国情不同，基本的政治经济制度以及价值观、历史观、文化观方面存在差异，我们不可能完全按国外国家公园的做法。在明确"保护"基本目的的前提下，笔者觉得没必要以与国际接轨为名义重新搞一套保护区体系或国家公园体系，事实上也并不是每一个国家的国家公园的国内名称都叫作 national park。如果一些体制、制度、观念等根本问题没有解决，从原云南省林业厅副厅长郭辉军的报告[95]中可以看出，国家公园在中国的试点建设并不一帆风顺。因此，我们应以"扬弃"的态度吸取国外国家公园的经验教训，借鉴和创新"国家公园"开发管理模式，走与国际接轨的道路，以世界级品质的国家公园理念建设我国的自然保护区。

3.4　自然保护区保护性开发的模式

保护与开发是自然保护区建设中两大永恒的主题。保护是自然保护区建立的主要目的与出发点。开发利用是自然保护区建设发展的基本条件和保障，而科学管理是保护与利用的协调者和组织实施者，是实现保护与利用协调发展的关键，是自然保护区可持续发展的灵魂，它贯穿于保护与利用的全过程。以可持续发展战略思想和系统论为指导，借鉴国内外保护区保护性开发的成功经验，提出了"保护、开发、管理"三位一体的自然保护区保护性旅游开发新模式（Nature Reserve Protective Tourism Exploring Mode，NRPTEM）（图3-1）。

该模式包括保护、开发和管理3大系统12大工程1项重要结构要素。①在保护工程系统的实施过程中，针对有地质遗迹的保护区的特点，不仅强调生物多样性的保护，还强调地质遗迹的保护，同时人文生态的保护也不容忽视，环境监测则可以起到监督的重要作用。②在旅游开发系统的实施过程中，科学规划是龙头，产品、市场和设施建设是自然保护区生态旅游开发最基本、最重要的开发，是实现资源—产品—市场—效益转化的开发链。③管理系统贯穿于保护与开发的全过程，社区共管、能力建设、环境教育和管理创新的实施至关重要。④人为因素。在自然保护区保护性开发的过程中，"人"的地位与作用是核心，"人"的因素始终是第一。保护系统工程、开发利用系统工程以及管理系统工程的组织和实施都必须通过"人"这个因素来实现。从利益相关主体层面上而言，在自然保护区保护性开中，涉及的"人"包括政府、社区、市场、第三部门、旅游者等等。从保护性开发的管理主体方面，"人"主要涉及政府、社区、企业、第三部门等。而且，保护性开发是一个动态的过程，在不同阶段，这些"人"的角色、作用也不相同，从而形成了保护性开发管理主体的"1+X"变化模式。

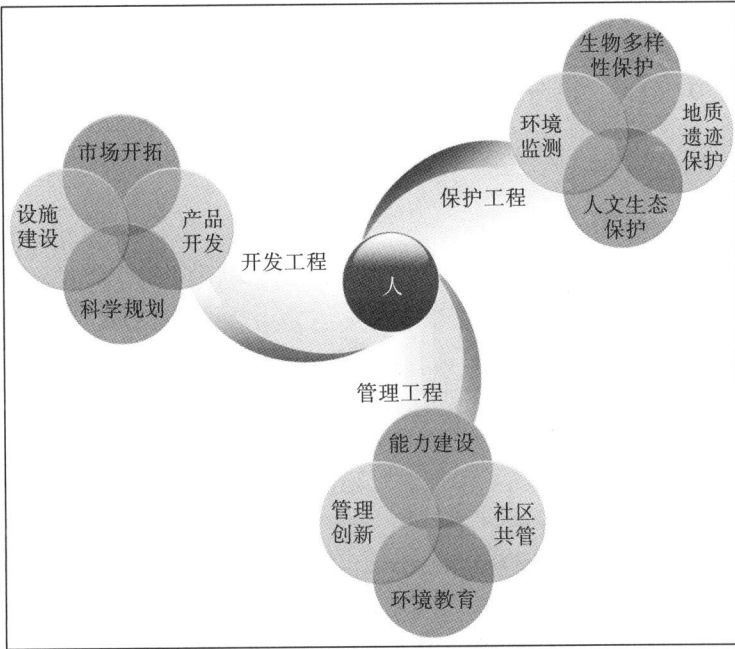

图 3-1　自然保护区保护性旅游开发模式图

Figure 3-1　Nature Reserve Protective Tourism Exploring Mode

　　该模式的四大系统 13 个要素不是孤立的，而是相互作用的，任何一个组分变化都可能影响整个模式的稳定，正如"木桶原理"与瓶颈要素，若某一要素重视不够，其副作用足以抵消其余要素的全部正效应。当然，各要素在不同发展阶段作用表现和贡献系数不同。有些要素，如生物保护、地质遗迹保护、社区共管、管理创新等对自然保护区的建设不是爆破性的，而是潜移默化的，长远的。一些要素，如开发系统中的产品开发、市场开拓等却具有较快的影响。

第4章　海子山自然保护区的区域地质背景和地理环境

4.1　区域地质背景

4.1.1　地质构造

　　海子山自然保护区位于金沙江结合带和甘孜—理塘大断裂间的义敦岛弧褶皱带[96,97]（图4-1）。川西义敦岛弧褶皱带北起德格，南抵中甸，长500 km、宽90—160 km，呈近南北向展布的豆荚状。其主要构造线方向从北往南由 NWW—

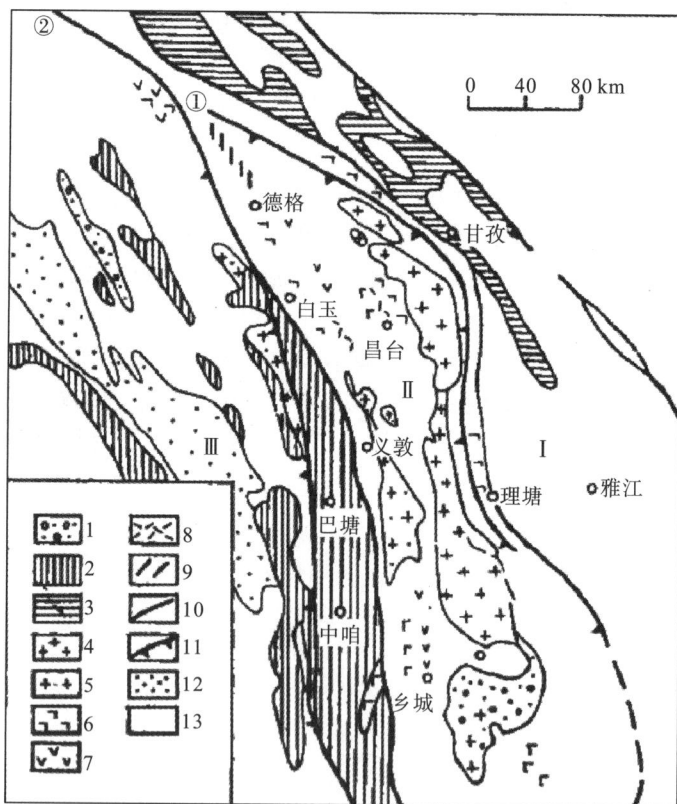

1. 上三盈统上部；2. 古生代—元古界；3. 中下三益统；4. 印支期花岗岩；5. 燕山—喜马拉雅期花岗岩；6. 基性岩类；7. 中性岩类；8. 酸性岩类；9. 基性—超基性岩；10. 断裂；11. 俯冲带；12. 侏罗—白垩系；13. 上三叠统中下部。①甘孜—理塘俯冲带；②金沙江俯冲带

图4-1　川西藏东地区地质略图（据侯增谦等，1993）[97]

Figure 4-1　The Sketch Geological Map of Western Sichuan-Estern Xizang(Tibet)

SEE—NW—SE—SN，在西北部德格一带发现早期的 135°—100° 方向拉伸线理、"A"型平卧褶皱、箭鞘褶皱及自南往北逆冲推覆成的剪切应变；往南义敦、巴塘一带，中咱岩片内微构造特征表现为 105°—120° 方向的拉伸线理、"A"型和"B"型剪切平卧褶皱及南北向西倾糜棱岩带，剪切指向自西往东[95]。

义敦岛弧褶皱带经历了早期造弧作用—岛弧裂谷作用—晚期造弧作用—弧后扩张作用等发展阶段，于晚三叠世早期，在薄陆壳基础上发育起来的。其形成了较完整的"沟—弧—盆"体系，自东而西分出以下构造单元（图 4-2）：①甘孜—理塘缝合（俯冲）带，以残存的混杂岩和蛇绿岩套（时代 P_2—T_2）为标志。②弧前区（弧—沟间断），位于甘孜—理塘带西侧，即雀儿山—稻城中酸性岩带与晚三叠世复理石沉积分布区。③火山弧，位于勉戈—热达一线以东、弧前区以西，以赠科—昌台—乡城为轴。④弧后盆地，分布于主弧西侧[98]。

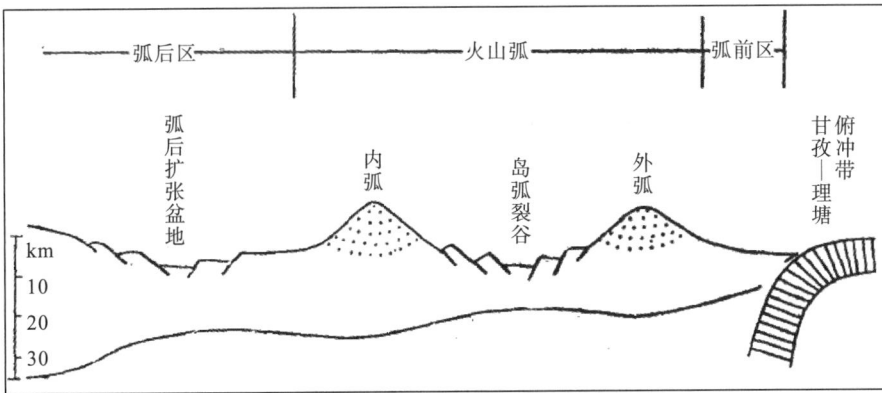

图 4-2　义敦岛弧横剖面示意图（据侯增谦等，1991）[98]

Fig 4-2　The Schematic Cross Section of the Yidun Island-Arc

4.1.2　地层

川西义敦岛弧褶皱带由于沉积在活动岛弧带，主要受控于东西向差异的大地构造格局的影响，相变十分复杂。加之遭受印支期后多次构造活动的改造，给区域地层划分对比带来很大的难度[99]。该区的三叠系十分发育（图 4-3）。

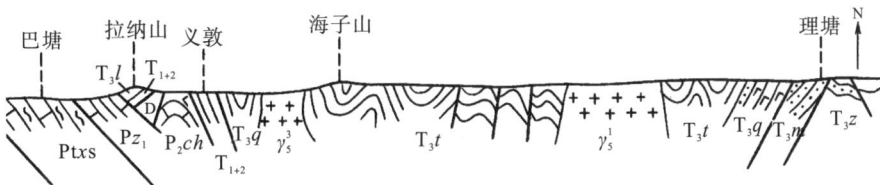

T_3q. 上三叠统曲嘎寺组；T_3z. 上三叠统图姆沟组；T_2m. 下三叠组马拉松多组；
T_3l. 上三叠统图姆沟组；γ_5^1. 三叠纪花岗岩；γ_5^3. 白垩纪花岗岩

图 4-3　巴塘—海子山—理塘地质剖面图（据刘朝基等，1996 简化）[100]

Figure 4-3　Geological Section Through the Batang-Haizishan-Litang

在海子山自然保护区内的东部和南部为稻城古冰帽区域。该区域仅出露三叠系与第四系(图 4-4),其特征如下:

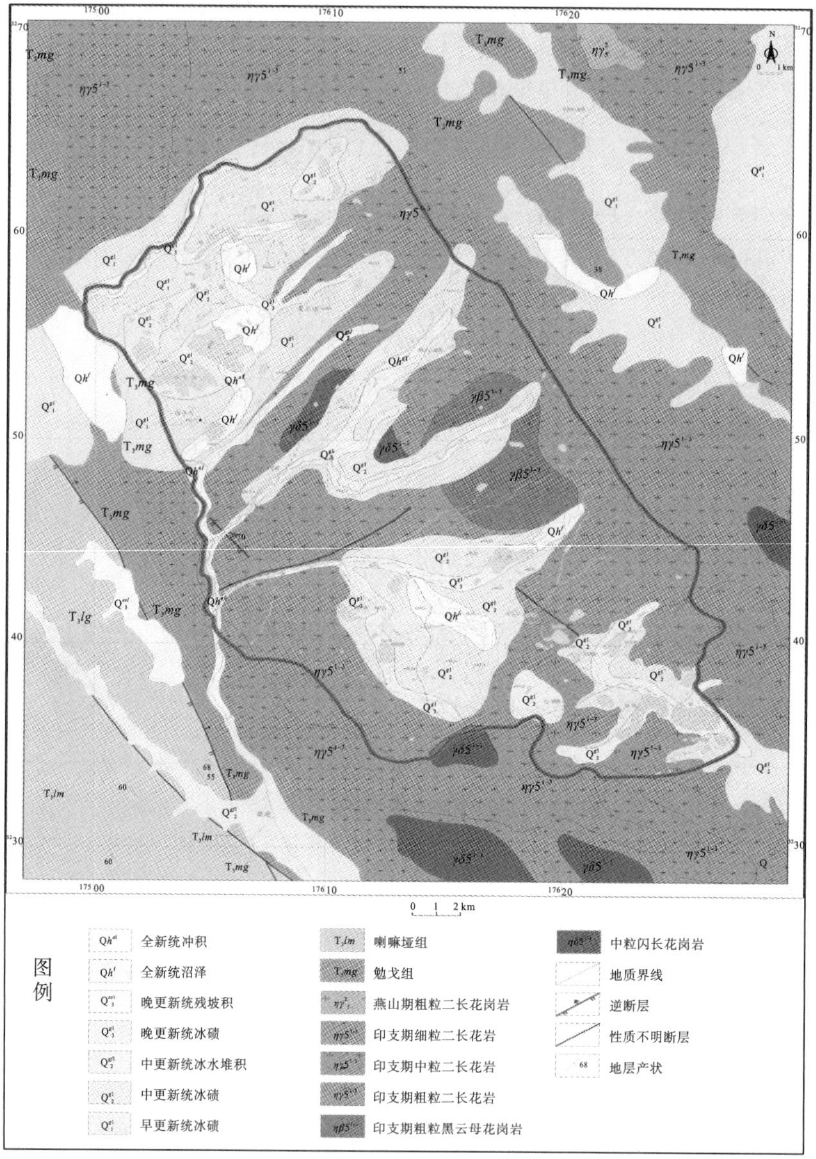

图 4-4　海子山古冰帽区地质略图(据四川省地矿局区域地质调查队,2006)[101]

Figure 4-4　The Sketch Geological Map of Haizishan

1. 三叠系

仅有三叠系上统勉戈组和喇嘛垭组。

1)上三叠统勉戈组(T₃mg):自下而上分为四段

第一段，岩性为大理岩、结晶灰岩、砂质灰岩与灰黑色板岩、砂岩、含砾砂岩不等厚互层。厚度大于 1948 m。岩相稳定，向北延伸厚度略有变薄。向南延伸，灰岩时多时少。在电筒一带为板岩夹灰岩含双壳类、腕足类、珊瑚及海百合等化石。

第二段，分布于理塘冒火山岩体周围及加阔、给忠等地。岩性以灰黑色板岩、钙质板岩为主夹酸性火山岩、凝灰岩、硅质岩、粉砂岩，厚度 728 m。北延厚度变薄，浪都一带为板岩与结晶灰岩、大理岩、安山岩的不等厚互层。厚度为 280 m。向东南延伸至叶荣、电筒等地，火山岩、灰岩、安山岩逐渐减少并尖灭，相变为以板岩为主夹粉砂、细砂岩偶夹凝灰质砂岩，厚度变大，约 750 m。

第三段，分布于理塘扎龙卡西、小河口道班、格木寺，稻城协波、桑堆。岩性为安山岩、流纹岩、凝灰岩、砾状酸性火山岩、灰岩、大理岩、板岩、砂岩等。在浪都比都为安山岩，酸性火山岩、英安岩、凝灰岩夹多层板岩，偶夹灰岩、大理岩、粉砂岩等，厚度 1443 m。

第四段，与第三段伴随。为灰黑色板岩偶夹酸性火山岩、凝灰岩产双壳类化石。

2)上三叠统喇嘛垭组（T_3lm）：可分七个岩性段，厚度巨大

第一段，分布于稻城协波、桑堆、傍河、木拉。岩性为长石石英砂岩、石英砂岩与板岩的不等厚互层并夹粉砂岩、炭质板岩，厚度 1642 m。往北物质变细，浪都以北为砂岩、板岩的不等厚互层，厚度略有减小。

第二段，与第一段分布一致。岩性为灰黑色板岩夹长石石英砂岩、石英砂岩偶夹炭质板岩。富产动、植物化石。在比都附近为板岩夹粉砂岩、长石石英砂岩。厚度大于 678 m。

第三段，分布于傍河拉交唐、鲁乡、培垭、热央、无名山、洪瓦亚哈等地，岩性为砂岩夹板岩。在傍河及拉交唐一带，下部为灰—灰黑色板岩、粉砂质板岩与中厚层长石石英砂岩不等厚互层，偶夹粉—细砂岩、灰质砂岩，厚度为 608 m。

第四段，与第三段展布相同。岩性为板岩夹砂岩。在傍河剖面为灰黑色板岩、粉砂质板岩夹灰—深灰色变质长石石英砂岩、岩屑粉砂岩、细砂岩、石英细砂岩，并偶夹灰黑色含炭质板岩，厚 1265 m。

第五段，分布于擦若亚、无名山、鲁乡、莫尼通等地与第二段相向展布，岩性为砂岩夹板岩。

第六段，分布面积缩小，仅在擦若亚、无名山、丹琼亚乔等地出露。岩性为板岩夹砂岩。厚度为 1185 m。

第七段，分布于擦若亚附近向斜核部。岩性为灰—深灰色中—厚层长石石英砂岩、石英砂岩与板岩、粉砂质板岩不等厚韵律式互层，并夹灰—深灰色中厚层岩屑细砂岩，偶夹炭质板岩、钙质板岩，厚 108 m。

2. 第四系

在第四纪期间，这里曾多次形成古冰帽，并在高原夷平面上及其边缘至今保留着多次冰川作用的地貌现象。第四系堆积物分布于海子山 4400—4700 m 古夷平面、宽缓沟谷两侧及其底部。更新统主要为各类冰碛，全新统为冲洪积及湖沼沉积等。其冰川侵蚀地貌和堆积地貌的形态特征与组合清楚，其直接构成了海子山自然保护区地质景观的物质基础。

4.1.3　岩石

1. 侵入岩

海子山国家级自然保护区处于沙鲁里山花岗岩带。据刘朝基等研究[100]，义敦岛弧褶皱带自西向东由金沙江变质带、中咱地块、白玉—乡城三叠纪沉积盆地、沙鲁里山花岗岩带和甘孜—理塘铁质基性超基性岩带组成。沙鲁里花岗岩带由措交玛—冬措和雀儿山—格聂两个花岗岩带组成。前者以壳、幔同熔型花岗岩为主，形成于晚三叠世及稍后；后者以地壳重熔型花岗岩为主，形成于晚白垩纪。花岗岩体基本占据了整个海子山自然保护区，属印支期花岗岩侵入体，主要岩石类型为黑云二长花岗岩、黑云母花岗岩、闪长花岗岩等。

黑云二长花岗岩：分布于冬措—兴伊措，岩石为灰白色呈似斑状结构，由中长石 25％—40％、微斜长石 25％—40％、石英 20％—35％、黑云母 3％—7％、角闪石 1％组成，含磷灰石、锆石、褐帘石等副矿物。斑晶主要为微斜长石，呈自形板状，格状双晶发育，大小为 1—3 cm，局部达 4 cm。其中斜长石为自形板状，发育环带构造和聚片双晶。在央堆栈其边缘相为细粒花岗岩结构。

黑云母花岗岩：主要分布于希措，岩石为灰白色，具中粗粒结构、似斑状构造。由更长石 20％—23％、正长微纹长石 45％—50％、石英 25％—30％、黑云母 3％—5％组成，有少量蚀变矿物绿泥石、绿帘石、绢云母等，含有锆石、磷灰石、榍石等副矿物。

闪长花岗岩：主要分布于麦则措、夏青、海子山 100 公里道班，岩石为灰白色，中—细粒等粒结构，块状构造，可见少量斑晶，大小为 1 cm 左右，主要为斜长石。岩石中含中—更长石 70％、微纹长石 15％、石英 10％—15％、黑云母 8％组成，次生蚀变矿物有绿泥石、钠黝帘石，含有褐帘石、榍石、独居石、磷灰石等副矿物。岩石中可见环带构造和聚片双晶，是一种极好的观赏石。

2. 变质岩

海子山保护区的东南部位于松潘—甘孜变质岩区的义敦变质岩带。区内除第四系外，均不同程度地遭受区域变质作用影响，形成各类片岩、千枚岩、板岩和大理岩。沿侵入岩周边发生接触变质作用，生成接触交代变质岩。

4.2　自然地理环境

4.2.1　地貌特征

　　海子山自然保护区位于青藏高原东南边缘丘状高原向高原峡谷过渡的山原地带，地处金沙江与雅砻江之间，横断山脉中段，沙鲁里山纵贯南北，是雅砻江和金沙江的分水岭。新构造运动异常活跃，致使地貌类型多样化，相对地势较大，北段高原面保留较多，河流下切较浅，南段则山脊平均高度明显下降，河谷较宽。地势总趋势是西部和中部高亢，向东南和东北倾斜。由于新构造运动异常活跃，山地抬升和断裂作用不断加强，沿断裂带形成一系列宽谷和窄谷，两侧风化剥蚀夷平作用显著，构成了今天的宽谷高山原地貌和比较完整的夷平面(图 4-5)。其主要特征有：

　　(1)地形起伏较大，地貌类型复杂。主要受南北向构造的控制，境内主要山脉和水系均呈南北走向，东西排列，山川相间。这种走向排列、岭谷相间的地貌成为境内水平分布的主要地貌格局。随地貌外营力作用不断加强，区域内部的地貌类型日趋复杂化，山地形成明显的垂直分带，由低到高依次出现中山、高山、极高山等类型，在山地的窄谷、宽谷和高山顶夷平面又出现台地，高平坝、高山原等类型。

　　(2)地势高亢，高差较大。由于山地构造和抬升，境内大部分地区高于海拔4000 m，海拔 5000 m 以上的山峰有 20 余座，其中 6000 m 以上的山峰有 1 座。保护区最高点为四川省第三高峰、康南第一峰——格聂山，海拔 6204 m，最低点在保护区西南面稻城邓波乡的拉玛隆附近，海拔 3160 m，海拔高差 3044 m。区内一般相对高差在 700—1500 m。

　　(3)古夷平面比较发育，高平坝和高山原面积较大。古夷平面分布于广大高山地区，尤以中部、西部山原面地区为典型，二级古夷平面最为发育，地形起伏较为平缓，除寒冻风化作用外，受流水侵蚀和切割作用不显著，使高山原顶部古夷平面保持比较完整。河流源头两岸高平坝和浅切谷广布，流水缓慢，迂回曲折，两岸宽平，地势开阔。

　　(4)冰蚀地貌十分发育，冰蚀岩盆星罗棋布。青藏高原乃至世界规模最大、最典型的古冰帽遗迹——稻城古冰帽分布于此，是第四纪冰期被冰川长期覆盖所留下来的遗迹。其地质遗迹主要分布在海拔 4500—4700 m 的山原面上，类型为角峰、古冰斗、U 形槽谷、冰蚀洼地、冰斗湖等，形态完整的冰蚀地貌及终碛堤、侧碛堤、冰川基碛、蛇形丘、羊背石、冰川漂砾等完整的冰川堆积地貌具有极高的科考科研价值。尤其是那些数以亿计的花岗质冰川漂砾和冰蚀岩盆(海子)铺满了整个山原面，形成了"天外星球，千湖之山"的奇异景观。

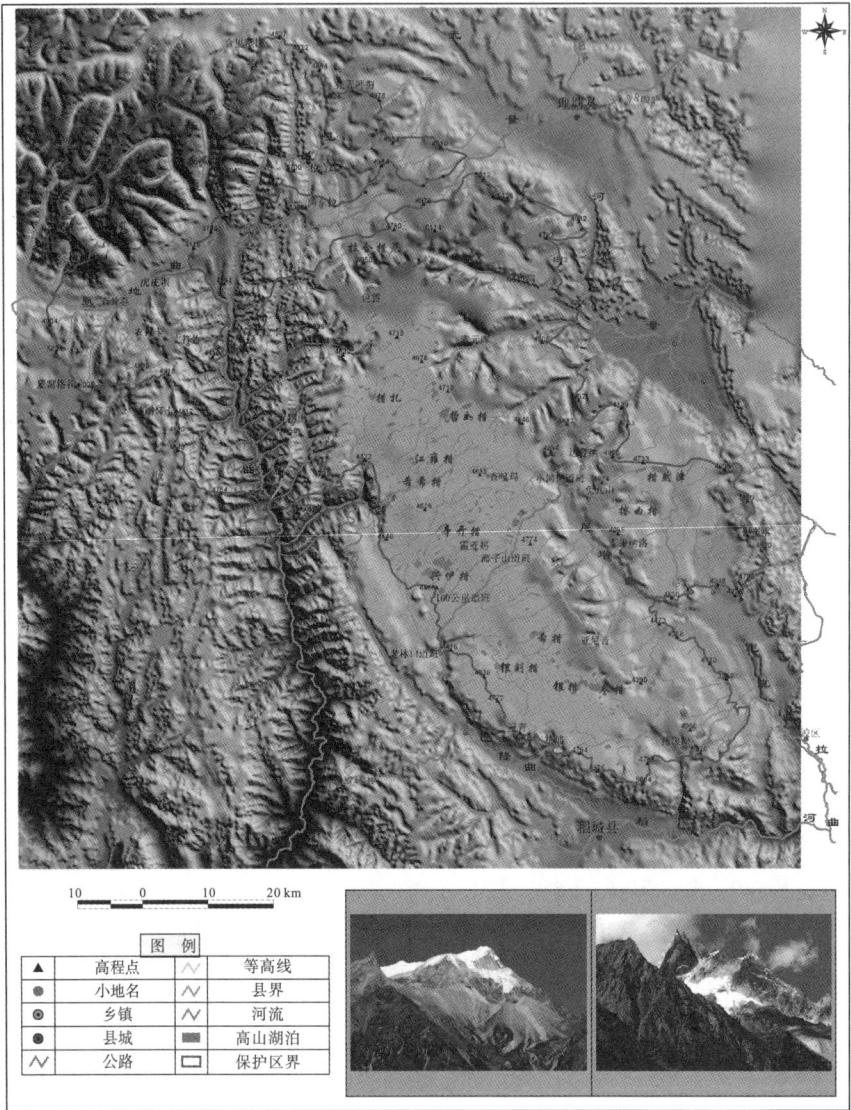

图 4-5　海子山自然保护区数字高程图

Figure 4-5　Digital Elevation Map of Haizi Shan Natural Reserve

4.2.2　气候特征

海子山国家级自然保护区日照充足，热量贫乏，降水较少：区内日照多，辐射强，年均日照数为 2637.7 小时，是全省、也是全国日照最多、光能最充足的地区之一。

境内平均海拔为 4200 余米，具有温度年较差小而日较差大的高原气候特色，绝大部分地区年均气温为 3℃，11 月至次年 3 月平均气温在 0℃以下；稳定通过 0℃的年积温为 1655℃，稳定通过 5℃的年积温为 1359℃，稳定通过 10℃的年积温为 329.6℃。冬季干冷漫长，暖季温凉短暂，气温的四季变化不明显，是甘孜州南部"寒冷中心"。区内降水较少，大部分地区年降水量为 600—700 mm。

干湿季分明，水热同季：区内具有明显的季风气候特点，降水量随季节的变化突出。夏半年（5—10 月）降水量集中，气温相对较高，降水量占全年的94.3％。同期内≥0℃积温为全年的 65.5％，水热同季。冬半年（11 月至次年 4 月）雨雪稀少，气候干燥寒冷，多大风天气。年均大风日数为 24.3 天，且主要集中在 1—4 月和 12 月。

气候的垂直变化显著：保护区地域辽阔，地形地貌的垂直分异规律明显，表现在光、热、水等气候因素在垂直方向上发生了明显差异，从谷底到山顶，依次为山地寒温带、山地亚寒带、高山寒带、极高山寒漠永冻带 4 个垂直气候带。

4.2.3　水文特征

保护区内水系属金沙江水系和雅砻江水系（图 4-6）。金沙江水系主要河流有拉波河、希曲河、稻城河、纳霍曲河等，雅砻江水系主要河流有曲布沟、青元库、牙着库等。其中保护区东部、东南部属无量河水系，包括纳霍曲河、曲布沟、青元库、牙着库等，向南流入木里县，注入雅砻江；西部及西南部属希曲河水系，主要包括理塘县喇嘛垭乡、章纳乡、稻城县邓波乡境内的河曲，向南流入乡城县，注入金沙江。这些河曲均呈扇形分布，河曲的源头部分有大量的高山湖泊分布。另外，该区域温泉资源丰富，分布于各断裂带上，有名的温泉有十几处，类型各异，很有开发价值。

4.2.4　土壤特征

海子山自然保护区现代土壤发育的环境呈现多样性，主要取决于气候与植被的垂直与水平以及时间上的 3 度空间变化。除了纬向与经向水平变化外，叠加的水热条件和植被的垂直变化是普遍的，导致土壤发育的垂直变异的复杂性和多样性，因此，孕育了从亚热带到高山冰缘环境的各种土壤类型。大体上，可以划分为两大系统，即大陆性荒漠土—草原土、草甸土系统，包括海子山高原面上各种

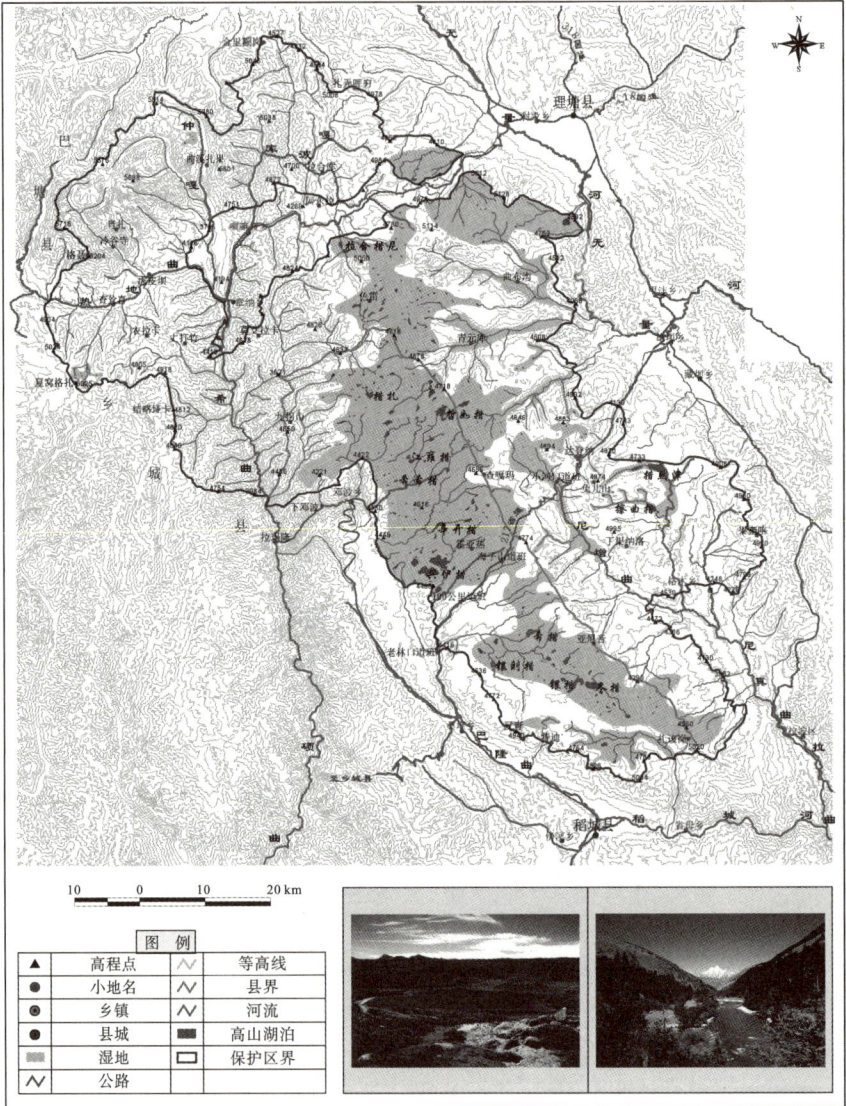

图 4-6　海子山自然保护区水体图

Figure 4-6　Water Distributionof Haizi Shan Natural Reserve

草被下发育的高寒土类；海洋性森林土系统，包括沙鲁里山东坡的各类森林及高山灌丛植被下发育的土壤。

4.2.5　生物多样性

海子山国家级自然保护区位于世界生物多样性热点地区横断山区的腹心地带，生物资源丰富多彩。

1. 动物多样性

海子山自然保护区内地形、地貌复杂多样，植被类型较多，复杂多变的气候、高低悬殊的地势，给野生动物栖息繁衍创造了良好条件。

保护区珍稀保护动物比例非常高，已知有脊椎动物 296 种，属国家 I 级重点保护的野生动物有白唇鹿、豹、雪豹、林麝、马麝、黑颈鹤等 13 种；国家 II 级重点保护动物兽类有 20 种；鸟类有 22 种。

海子山自然保护区分布的两栖类有 2 目 4 科 6 属 8 种；爬行类有 1 目 4 科 6 属 6 种，其中我国特有种有 12 种。两栖类和爬行类全部是国家有重要经济和科学研究价值种类，是海子山自然保护区极高保护价值的另一个证明。最值得一提的是温泉蛇(Thermophis Bailey Wall)。温泉蛇生境特殊，主要分布于温泉里或其附近。在西藏仅分布于羊八井、江孜、墨竹工卡、工布江达四个地方的温泉区域。该物种在发现后的近 100 年里没有在其他区域有分布。海子山国家级自然保护区成为温泉蛇在全世界的第二个分布点。

2. 植物多样性

海子山自然保护区内典型生境为高山草甸和高山灌丛及部分高山暗针叶森林。受气候、水热条件和地形地貌以及其他自然和人为因素的长期影响，形成类型丰富多样的生境及微生境，总体上看保护区整个生态系统结构复杂，功能较为稳定。

该区域植被可以划分为高山草甸带、高山灌丛草甸带、山地暗针叶林带、山地阔叶林带、高寒湿地植被带、山地针阔混交林带、高山流石滩植被带七大类型(图 4-7)。高山草甸带，分布于海拔 3500—4700 m；高山灌丛草甸带分布于海拔 3800—4700 m；山地暗针叶林带分布在海拔 3900—4400 m；山地阔叶林带主要分布在海拔 4050 m 以下；高寒湿地植被广泛发布在海拔 4200 m 以上，主要包括沼泽湿地、湖泊湿地和河流湿地；山地针阔混交林主要分布在海拔 4200 m 以下；高山流石滩植被带主要分布在海拔 4700 m 以上。

3. 菌类多样性

海子山自然保护区位于我国大型真菌地理分区的西南区横断山山区，大型真菌种类大部分是温带和寒带的种类，而以横断山亚区真菌种类占优势，并有部分

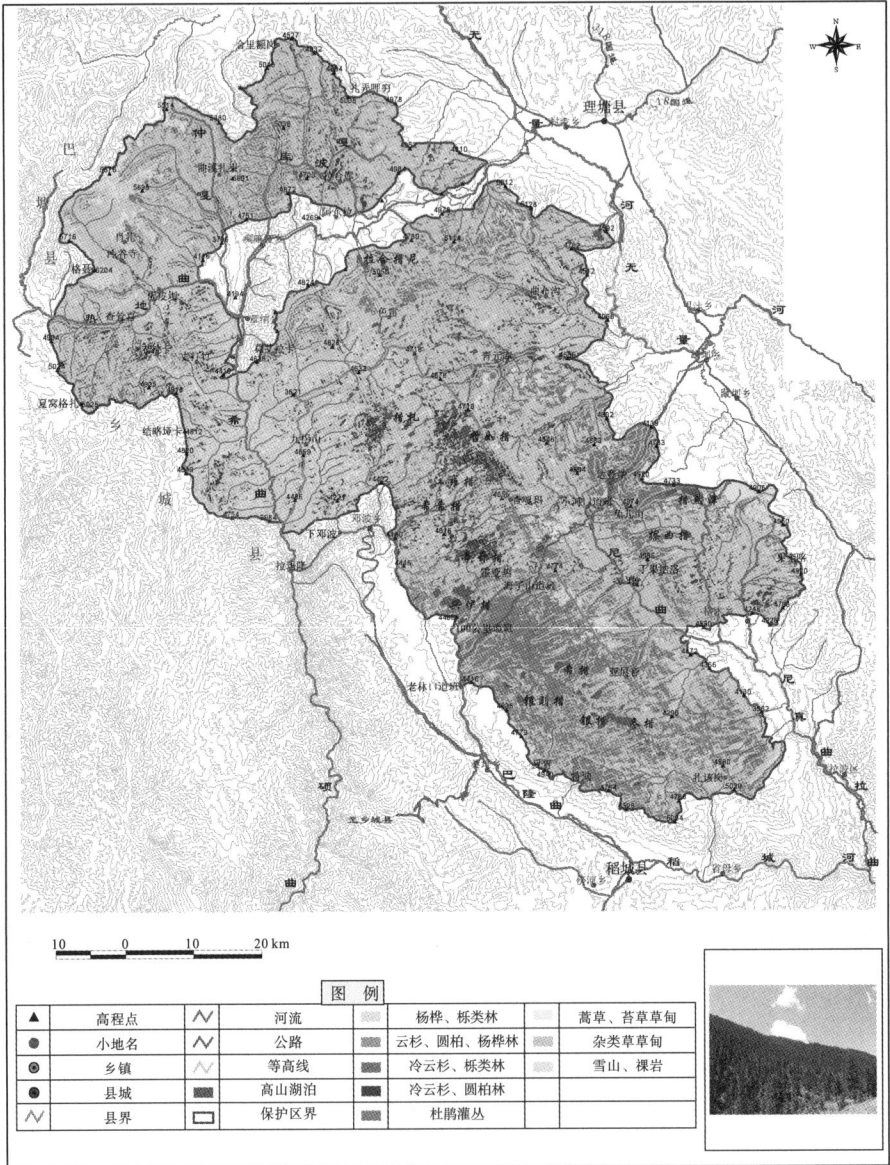

图 4-7　海子山自然保护区植被图

Figure 4-7　Vegetation of Haizi Shan Natural Reserve

青藏高原亚区的过渡种。该区域河流湖泊较多，海拔高差较大，植被类型丰富，小气候，小生境复杂，是我国真菌最丰富的地带，也是许多子遗种、特有种和伴生种的分布区域。据调查和考证在保护区内分布有 341 种大型真菌。其中，松茸、獐子菌 2 种是当地著名的土产，已经被当地居民大量利用，成为当地居民的重要经济来源。

4.3　人文地理环境

4.3.1　人文风情

与海子山自然保护区密切相关的社区均为藏族聚居区，属于康巴文化的范畴，牧业与农业并存，以藏文化风俗为主，同时融汇吸收了当地和邻近地区其他民族文化，呈现出丰富多彩的多元文化美。其中热柯"弦子"堪称藏区一绝。

海子山自然保护区内的格聂山又称"岗波贡嘎"或"岗波圣地"，为康南第一峰，被藏区称为神山中的"第十三女神"，是藏区三大苦修之地。相传格聂山属马，每逢马年来此朝拜转山者络绎不绝。

格聂山脚下有至尊嘎玛巴一世活佛曲吉、迪松钦布 1164 年修建的康区最古老的白教（现为黄教）寺庙——冷谷寺。寺院位于格聂圣山和海拔 5807 m 的肖扎神山峡谷之中，寺内除收藏了大量经文以外，还存放着稀世之宝——母鹿角、从石中取出的法器——反转海螺和被誉为"格聂之心"的奇石。

格聂山集雪山冰峰、峡谷溪流、温泉瀑布、原始森林、高山草甸、珍稀动物、历史文化、藏族风情为一体，格聂山自然与人文景观相互辉映，人类与自然和谐相处，是香格里拉最好的注释。

4.3.2　社会经济状况

1. 县域概况

海子山自然保护区行政上隶属四川省甘孜藏族自治州的理塘县和稻城县。

1）理塘县

理塘县，辖区 14182.27 km²，辖 5 个片区工委、1 个镇、24 个乡，总人口 53208 人，人口密度为 3.75 人/km²，属于典型地广人稀地区。全县为藏族聚居区，藏族人口占总人口的 94.04%。县政府驻地高城镇，海拔 4014 m，素有"世界高城"之称，亦有"西藏门户"之誉。东距甘孜州州府康定县 285 km，距省会成都市 654 km。据统计，2014 年，全县地区生产总值实现 9.5 亿元，同比增 10.5%；全社会固定资产投资完成 15.69 亿元，同比增 68.17%；社会消费品零售总额完成 3.5 亿元，同比增 14.57%；城镇居民人均可支配收入实现 25928 元，同比增 9.12%；农牧民人均现金收入实现 5805 元，同比增 17.83%；地方公共财政预算收入完成 6915 万元，同比增 34.95%。

2）稻城县

稻城县位于北纬 27°58′—29°30′，东经 99°58′—100°36′，辖区 7323 km²。县政府驻金珠镇，海拔 3740 m，距州府康定县 432 km，距省会成都市 785 km。据统计，2015 年全县实现国内生产总值 59752 万元，增长 6.6％。其中，第一产业增加值 19024 万元，增长 4.2％；第二产业增加值 14303 万元，增长 1.6％；第三产业增加值 26425 万元，增长 10.3％。三次产业对经济增长的贡献率分别为 31.6％、0.1％、68.3％，分别拉动经济（GDP）增长 1.0、0.4 和 5.2 个百分点。

2. 周边社区

与海子山自然保护区密切相关的社区涉及理塘县的喇嘛垭乡、章纳乡、雄坝乡、甲洼乡、藏坝乡、格木乡和稻城县的桑堆乡和邓波乡。

喇嘛垭乡，位于县城的西南面，乡政府距县城约 85 km，地理位置为东经 99°50′、北纬 29°50′。全乡辖区 492 km²，乡境内平均海拔 3720 m，下辖 10 个村委会。全乡以农业生产为主，粮食作物主要有：青稞、土豆、元根等。"喇嘛垭"意为喇嘛好，相传有一支部队路过此地，受到当地喇嘛热情的接待而得名。

章纳乡，距县城 82 km，东经 99°47′，北纬 29°44′；全乡辖区 532 km²，乡政府驻地章纳乡，海拔 3640 m，辖 7 个行政村；全乡生产以牧业为主，农副结合，农产品以青稞为主，其次为小麦、土豆等，土特产品有虫草、贝母、鹿茸等药材。"章纳"意为象鼻，因乡驻地在似象鼻的山脚下，相传能避自然灾害，人畜兴旺发达，故名。

雄坝乡，位于理塘县南部，省道 217 线 40 km 处，地理位置为东经 100°21′、北纬 29°41′，"雄坝"意为高地，因全乡地势较高而得名。全乡辖区 575 km²，辖 10 行政村，11 个自然村，乡政府驻地康呷村。海拔 3680 m。雄坝乡生产以农业为主，牧业为辅，农作物以青稞为主，次为小麦、豌豆。

甲洼乡，位于县城东南面 28 km 处，地理位置为东经 100°22′、北纬 29°45′，"甲洼"意为彩虹，因天空常现彩虹故名。乡境面积 245 km²。全乡辖 7 个行政村，11 个自然村。全乡生产以农为主，农牧副相结合。

藏坝乡，驻地位于县城东南面 42 km，地理位置为东经 100°26′、北纬 29°38′，面积 237 km²。辖 7 个行政村，10 个自然村。乡政府驻地安多村，海拔 3646 m。全乡"宜农宜牧，以农为主"，农牧副相结合。

格木乡，位于县城南部，离县政府驻地高城镇有 115 km，地理位置为东经 100°29′、北纬 29°19′。辖区 803 km²，辖三个行政村，12 个自然村，乡政府驻地格木二村，海拔 3988 m。生产以牧业为主，牧副结合。在格则乡的伊拉卡坝可以清楚地看到格聂、肖扎、喀麦隆三座神山从左向右一字排开。

桑堆乡，位于稻城县城西北 28 km，地理位置为北纬 29°11′、东经 100°06′，面积 1152 km²，海拔 3943 m。该乡地处海子山南麓，理乡公路和桑稻公路纵横全乡，交通较为方便。境内有奔波寺、著杰寺两座著名寺庙。桑堆，系藏语译音，意为"三沟聚集"，因地处三沟汇集的坝上而得名。

邓波乡，位于稻城县西北部 85 km 处，位置为北纬 29°29′、东经 99°57′，海拔 3572 m，面积 844 km²。辖上、下邓波两个村民委员会，3 个村小组。邓波，系藏语译音，意为"深谷"，邓波乡地处沙鲁里山脉尾部，北面为古冰川遗址，地势高，乱石遍地。九拐山横亘乡境西部，达超曲河谷一带为农业区。

周边社区居民以传统农牧业生产为主，采集业为辅。周边社区对保护区资源依赖最大的是草地资源、菌类资源和药材资源。草地主要从事牧业生产，以游牧方式进行，畜产品基本自用，很少商品化。菌类采集主要包括虫草、松茸、獐子菌（翘鳞肉齿菌），是当地居民现金收入的主要来源。药材资源目前利用的主要包括贝母、大黄、红景天、雪莲等。主要粮食作物有：青稞、土豆、元根、小麦等，产量较低，经济还处于原始的自给自足状态。居民收入较低。

周边社区现存在的主要困难有：产业结构单一，基础设施欠发达，一些村组至今不通公路、电力，与外部交流较少，对区外的情况知之甚少，这是当地经济发展的一大瓶颈。社区居民受教育机会少（成年人基本只受过传统藏语教育），文化水平不高，对新知识、新技能接受能力低，导致社区贫困人口较多。

因此，有必要加强对海子山保护区的保护性开发，发展生态旅游，进而增加社区居民收入，同时减少社区居民对保护区自然环境的破坏。

4.4　海子山国家级自然保护区生态价值评价

4.4.1　典型性

海子山自然保护区生态系统非常独特，动物和植物稀有种十分丰富。保护区内高寒湿地生态系统是我国青藏高原保存较好的湿地生态系统；独特的灌丛木本沼泽是青藏高原低纬度、高海拔地带所罕见的；保护区湿地总面积 143703 hm²，占保护区总面积的 31.3%，湿地生态系统功能非常完整；高山湖泊数量极多，全部是第四纪末次冰川退缩后形成的冰碛湖，它和堰塞湖、火山湖等完全不同。除星罗棋布的湖泊群外，保护区内坡度小于 30°的高寒草甸和高山灌丛区域有 1/3 以上是湿地生态系统。整个生态系统基本上处于原始状态，基本没有受到人类的干扰，没有过牧现象。该湿地是金沙江、雅砻江一些主要支流的发源地和水源涵养地。此外保护区内原始森林保存完好，历史上没有进行过大规模的采伐利用。所以，海子山自然保护区是青藏高原东南部高寒湿地生态系统的典型代表，在世界同纬度地区都具有独特性和典型性。

4.4.2　稀有性

海子山自然保护区独特的自然地理环境和生态系统造就了区内动物和植物物种的稀有性。在保护区有分布的 63 种兽类中，属于国家重点保护的兽类有 25 种，占兽类总数的 41%，其中国家Ⅰ级重点保护的兽类 5 种，国家Ⅱ级重点保护动物兽类有 20 种，同时 63 种兽类中有 28 种是我国特产或主要分布在我国的兽类，约占 44%。在保护区有分布的 210 种鸟类中属于国家重点保护的鸟类有 30 种，其中国家Ⅰ级重点保护的鸟类有 8 种，国家Ⅱ级重点保护的鸟类有 22 种，另有 9 种为中国特有种。14 种两栖爬行类全部是国家有重要经济和科研价值的种类，其中温泉蛇是该物种在全世界的第二个分布点，珍稀性较突出。植物中珍稀濒危和保护植物也较多，共有 42 种，其中属于国家Ⅰ级保护的高寒水韭具有重要的资源价值和科学研究价值。可见，保护区内的珍稀、特有物种丰富，是珍稀、特有物种的集中分布地。

4.4.3 脆弱性

海子山自然保护区的主要组成部分"海子山"是由古地中海海底经由地质变迁抬升而形成的，高原面平均海拔在 4200 m 以上，气候严寒、环境恶劣，在经历了数百万年的演化后形成了今天独特的植被和独特的水域生态系统。这些植被有自己独特的生长周期和对严酷气候环境的独特适应性，多是多年生宿根草本和一些灌丛，在经历了数十甚至百年而顽强生存下来。相互孤立的湖泊中的生物更是脆弱，一个湖泊就是一个独立的动植物群落，具有独特的物种和基因多样性，这些独特的植被和独特的水域非常脆弱，一旦遭到破坏，可能有些物种就永远从地球上消失，其独特的生态系统将再经历数百甚至数千年才能重新演化到目前的状况，其生态平衡极易受到破坏。

从地质角度看，虽然保护区的表层基质以底冰碛石砾为主，较稳定，但保护区处于地震活动频繁的断裂带上，构造活动强烈，易受地震活动破坏。1978 年就发生过 7 级以上地震。因此，它也是不稳定的。如果不保护好现有的生态系统，当保护区受到地震活动的破坏后要恢复就更加困难。

4.4.4 原始性

保护区地广人稀、区内无固定居民，从植被上看，保护区的植被全部是天然植被，典型的暗针叶林植被、原始的川滇高山栎林、原始的杨树林，独特的高寒湿地、高山草甸均保存非常完好。整个保护区基本未受人类大面积的侵扰，保持了原始自然状态，自然生境完好，从自然植被和人类活动上看，保护区是较少受人类活动干扰、较自然的区域。

4.4.5 区位性

从地理位置来看，保护区处于甘孜州南麓和北麓的结合部，是甘孜州自然地理单元的核心，具有低纬度、高海拔、地质构造独特的特点。从地理位置和物种保护角度看，保护区处于甘孜州理塘—巴塘—稻城—白玉—雅江—新龙等白唇鹿最大分布片区的核心地带，它同时处于巴塘祝巴龙矮岩羊保护区、稻城亚丁国家级自然保护区、白玉察青松多国家级自然保护区、雅江格西沟自然保护区的中间位置，该保护区的建立使甘孜州的自然保护区形成了一个较为完整的网络，对于保护青藏高原东南缘的生物多样性具有重要作用。保护区处在长江上游金沙江和雅砻江流域的中、上游地区，大面积的湿地、湖泊和天然植被在减少长江上游水土流失，建设长江上游生态屏障方面具有重要地位。

4.4.6　科研价值

海子山自然保护区无论从地质、地理、物种、资源、文化都具有极大的科学研究价值。地质地理方面，海子山拥有世界最大的第四纪末次冰川遗迹，对研究横断山系的起源、抬升和第四纪末次冰川活动状况具有重要意义；物种方面，海子山自然保护区低纬度、高海拔，有很多稀有的物种，如温泉蛇、小长尾鼩、狭颅鼠兔；又有很多新起源、适应高寒生境的物种，如各种齿蟾类动物；还有很多在低海拔、温暖生境条件下栖息的动物，如社鼠、白腹鼠等；植物方面，有各种海棠属植物在保护区分布，麻黄类植物也出现在该区，星叶草成片分布，这些植物都有极高的科学研究价值；在文化方面，藏传佛教中著名的神山——格聂神山、著名寺院——冷谷寺保存了很多藏传佛教中的珍品，有很多历史悠久的传说和神话，对当地居民生活习俗有深刻影响，具有极高的科学研究价值。从资源开发和可持续利用来看，保护区是各种资源汇集的宝库，如何有效地利用和可持续的开发也具有重要研究价值。

第5章 海子山自然保护区旅游地学资源成景及评价

5.1 旅游地学资源概述

5.1.1 旅游地学资源的内涵

地学是地球科学之简称，包括地质学和地理学。旅游地学是旅游地质和旅游地理的通称。因此，旅游地学资源是具有旅游价值的地质地理现象，并能为旅游事业利用的自然风景资源。

旅游地学资源不同于旅游地质资源。旅游地质资源是指自然旅游资源中具有观赏价值或地质学科考价值的、可用作旅游活动或旅游产业的所有地质资源[14]。

自然旅游资源是具有观赏性和游览性的自然景观和自然环境。它是自然界的诸多因子在不同的历史条件下，作用于不同地理地质环境而形成的。因此，自然旅游资源属于旅游地学资源。

人类在其发展演化过程中，与地理环境的相互作用，形成了人文景观。但并不是所有的人文景观都属于旅游地学资源，这样，旅游地学资源就包罗万象，也就没有存在的必要性了。旅游地学资源仅包括少数原始性强、地学味浓的人文旅游资源。如某些与地理地质环境关系密切的人类遗址和遗存。

5.1.2 旅游地学资源的成景机理

成景，即景观形成的作用过程的简称。旅游地学资源的主要成景过程可划分为地质成景阶段和生态成景阶段。

1. 地质成景阶段

地质成景阶段是指在地球各种内动力与外动力相互作用下形成现代地质地貌的阶段。又可分为基础地质作用阶段和主导造型阶段。

基础地质作用阶段形成了旅游地学资源及旅游地学景观的地质构造基础。内动力地质作用是这一阶段的主导因素。

主导造型阶段是现代地质地貌构架的形成阶段。现代地质地貌是在先后叠加或多种地质作用综合工程的结果。但在诸多因素中，必然在某一阶段有某一地质作用起着主导的、决定作用，因此，地质景观可以是一个或多个主导地质作用的产物。现代地质景观通常是在基础地质作用阶段基础上，叠加主导成景作用。但部分旅游地质景观，其基础成景地质作用即为主导成景作用，基础成景地质作用即形成了旅游地质景观的造型，如近代火山喷溢作用形成的火山地质景观[14]。

2. 生态成景阶段

地质环境存在于地球表层，是生物赖以生存的场所和这种资源的提供者。在现代地质地貌形成后，不同地理环境下生活着不同的生物群落，存在着明显的地域差异，进而形成独具特色的生态景观。这个过程是个漫长而又不断演化的过程，没有终极结果。

5.2 海子山自然保护区的地质成景分析

海子山自然保护区的地质遗迹景观规模宏大、资源丰富、形象突出，尤以第四纪末次冰川遗迹——稻城古冰帽遗迹和格聂群峰的现代冰川景观最具特色和观赏性(地质遗迹景观详见第 6 章)。第四纪末次冰川是海子山自然保护区旅游地学景观成景的主导地质因素。因此，作者对海子山自然保护区的地质成景原因主要从第四纪末次冰川角度分析。

5.2.1 稻城古冰帽遗迹

1. 概述

稻城古冰帽的范围包括，东界为理塘县甲洼盆地和康嘎盆地及无量河断裂带(无量河断裂带乃甘孜—理塘断裂带的一段)；南至稻城县桑堆—冬留一线；西界为希曲(河)和稻城河谷；北临理塘县毛垭坝盆地和理塘盆地。从总的来看，"稻城古冰帽"为起伏不大的古冰川夷平面，夷平面北高南低，北段帽合山山原面海拔 5000 m 左右，中段海拔为 4600—4800 m，残留在夷平面上的个别冰蚀残山海拔接近 5000 m，南段 4500—4700 m，谷地宽敞，山顶舒展。稻城古冰帽遗迹在海子山自然保护区内分布广泛，主要分布在保护区东部和南部(图 5-1)。

2. 冰期划分

根据海子山古冰帽遗迹的冰川侵蚀地貌和冰川堆积地貌相互之间的切割、叠置关系，划分出三期。

1)第一期，早更新世海子山冰期($Q1^{gl}$)

它主要出露于海子山海拔 4500—4700 m 的冰川古夷平面，为高原型冰川—海子山冰帽所形成的冰蚀冰碛台地，是该区最古老的一期冰川，命名为海子山冰期。冰碛物分布广泛，多由大小不等的冰川角砾和少量砂组成，小山墚上较薄，山坡次之，沟谷内较厚。角砾成分多为花岗岩及少量砂板岩，是冰帽之冰川夷平

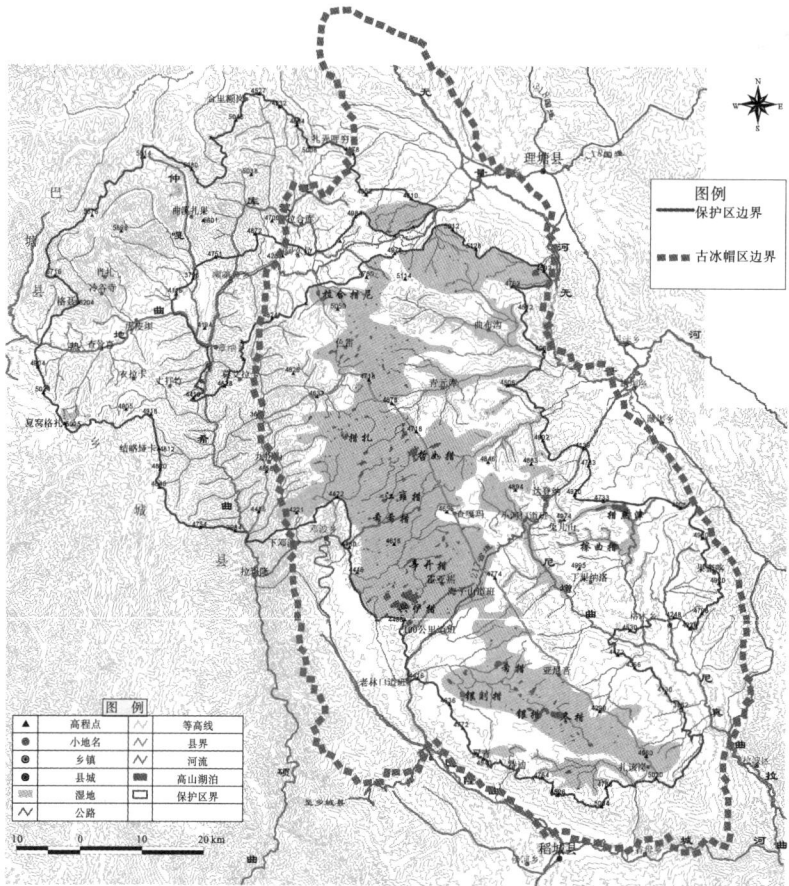

图 5-1　海子山自然保护区与古冰帽区位关系图

Figure 5-1　Locational Relations of Haizi Shan Natural Reserve and Ancient Ice Cap

作用的产物，很多地方构成广袤的石海景观。在桑堆—稻城一带，沿稻城河河谷，发育海子山冰期之冰帽边缘溢出型的冰川，冰碛物于库照日、龙古村等地发育较好(图 5-2)，所冲村附近可见到被夷平的冰碛平台，为灰色—灰黄色冰川砾泥层，砾石风化强烈，冰碛物的表面发育 40—60 cm 厚的红色黏土层，黏土矿物以高岭石、伊利石和埃洛石为主，表示出经历了强烈的氧化淋溶作用，属间冰期沉积。根据与邻区冰川对比，时代归为第四纪早更新世。

2)第二期，中更新世龙古冰期(Q2^{gl})

它是在早更新世海子山冰期冰碛台地的背景上发育起来的山岳冰川类型。由于当时的地形地貌较舒缓，山谷冰川的 U 谷宽而浅，冰川流动速度缓慢，故下切能力差，在一些地区它把早更新世海子山冰期之冰碛，经再次搬运，形成新的宽大的终碛堤、侧碛堤，从而形成规模很大的冰川堰塞湖。在稻城河河谷，该期冰川形成规模较大的侧碛垄、前碛堤和冰碛丘。冰碛物中的黏土矿物，经过了间冰期长期湿热气候的影响，以埃洛石、高岭石和伊利石为主。周尚哲、李吉均[102]在库照日获 ERS 测年值 57.1 万年，许刘兵、周尚哲[103]等曾在库照日获 ERS 测年值 13.48 万年。结合临区冰川的对比研究，时代定为第四纪中更新世。

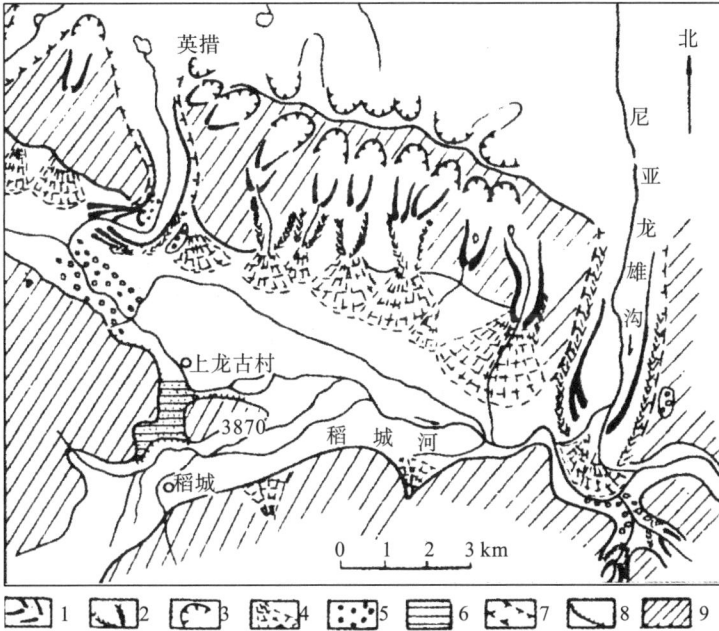

1. 末次冰期以来的冰碛垄；2. 龙古冰期的冰碛垄；3. 末次冰期古冰斗；4. 冰水扇；5. 稻城冰期的冰碛和漂砾；6. 稻城冰期冰水陡地；7. 冰槽谷；8. 阶地陡坎；9. 基岩石山

图 5-2　稻城谷地上龙古村附近古冰川作用遗迹(据郑本兴等，1995)[49]

Figure 5-2　Traces of Ancient Glaciations Nearby Shanggulong Village in Daocheng Valley

3)第三期，晚更新世末次冰期(Q3^{gl})

本期冰川为典型的山岳冰川类型，在海拔 4800—5000 m 的冰蚀残山、残丘或鼓丘、鲸背石、羊背石群构成的山脊两边，大约在海拔 4750 m 左右发育古冰斗，古冰斗之下至海拔约 4600 m，为冰川 U 形谷，它明显切割了海子山冰期及龙古冰期之冰碛层，形成新的侧碛堤及冰碛垄、冰碛丘，在 4600—4200 m，冰川下切能力极强，U 谷窄而长，冰碛垄、前碛堤或终碛堤等宽度较窄，形成的冰川堰塞湖规模较小，冰碛物呈灰白色，风化较弱，铝、铁含量低。在稻城河河谷，该期冰川形成规模较大的侧碛垄、冰碛丘、前碛堤，在龙古村一带，一些学者称其为"末次冰期以来的冰碛垄"。在海子山道班获 ERS 测年值 1.27 万—1.40 万年，许刘兵、周尚哲等[103]曾在库照日获 ERS 测年值 1.67 万、2.72 万、4.32 万年。总的年龄为 1 万—5 万年，时代属第四纪晚更新世晚期。

在稻城冰帽地区，没有现代冰川发育。

3. 各冰期的景观形成

1) 第一期冰期

据李吉均[51]研究，在早更新世海子山冰期的冰川作用时，冰帽规模最大，冰体完全覆盖了从冰帽中心到冰缘的下伏地形，冰流在冰帽中心穹隆状积累区的补给和重力作用下流向边缘谷地，不受下伏地形的影响，没有溢出冰川的特征，呈漫流型。

冰漂砾景观。冰漂砾是由冰川搬运的巨大冰碛砾石。它的粒径可达数米甚至数十米，其搬运远近与冰川规模大小有关。海子山古冰帽区里，巨大的冰川漂砾是这里最耀眼的景观，如乐舒桥石海、100 公里道班石海。

需要说明的是，冰漂砾形成并被最初搬运到目的地后，很有可能在下次冰期被再次搬运或反转。例如，据徐孝彬[104]研究，海子山道班附近的冰川漂砾可能形成于倒数第二次冰期，在末次冰期中再次被搬运。

2) 第二期冰期

在中更新世龙古冰期的冰川作用时，冰帽规模已大为减少，虽然冰帽边缘的冰体大部分下伸到主谷，但并没有完全占据主谷。冰帽的中心地带呈穹隆状，并覆盖下伏地形，冰流不受下伏地形的影响，但在边缘地带受下伏地形的影响[51]。

前已叙述，中更新世龙古冰期冰川为山谷冰川，松散的下更新统海子山冰期冰碛层易于被山谷冰川推动与带走，并形成长厚宽大的融碛堤（垄）、前碛堤或终碛堤，因而产生了许多面积较大的湖泊群。它们为典型的冰川堰塞湖，如兴伊措—章纳措湖泊群、冬措—希措湖泊群等。

3) 第三期冰期

最后一次冰川作用时，冰帽范围很小，只限于夷平面。仅在局部地方达到边缘谷地源头。这时冰帽的特征是冰川完全受下伏地形控制。在冰川作用的晚期，冰川只发育在夷平面的高峰上[51]。

古冰斗景观。据姚檀栋[105]等研究，在间冰期，冰帽开始解体，各边缘地溢出的冰川首先消失，然后夷平面大规模的冰体以较快的速度解体，只是在最后阶段，只有在夷平面的高峰上才有山地冰川残存，直至最后消失。因此，冰斗、角峰、刃脊等冰蚀地形得以形成。古冰斗主要分布于海子山古冰帽边缘高山地带，如北部的帽合山，古冰斗底部海拔 4750 m，中东部兔儿山周围，冰斗底部高 4700 m 左右。

终碛堤景观。终碛堤，位于冰前即冰川最前缘，也称前碛堤。冰川运行至此即行融化，冰川内所携带的石块与泥沙于此处沉淀下来，日积月累，年复一年，堆积成堤状体。当气候变暖，冰川退缩，在新的冰前位置形成又一终碛堤，如海子山道班终碛垄群。

5.2.2　格聂群峰冰川遗迹

1. 概况

　　研究区位于青藏高原东南缘，地处横断山系沙鲁里山脉的山脊和中部高原区。横断山在地质构造与地貌上是由一系列南北纵贯、山川相间的山脉与河谷组成(图5-3)。横断山地区由于受到湿润西南季风气流的影响，和西藏东南部地区一样，是中国海洋性冰川分布区，同时也是高原上第四纪冰川规模大、冰期间冰

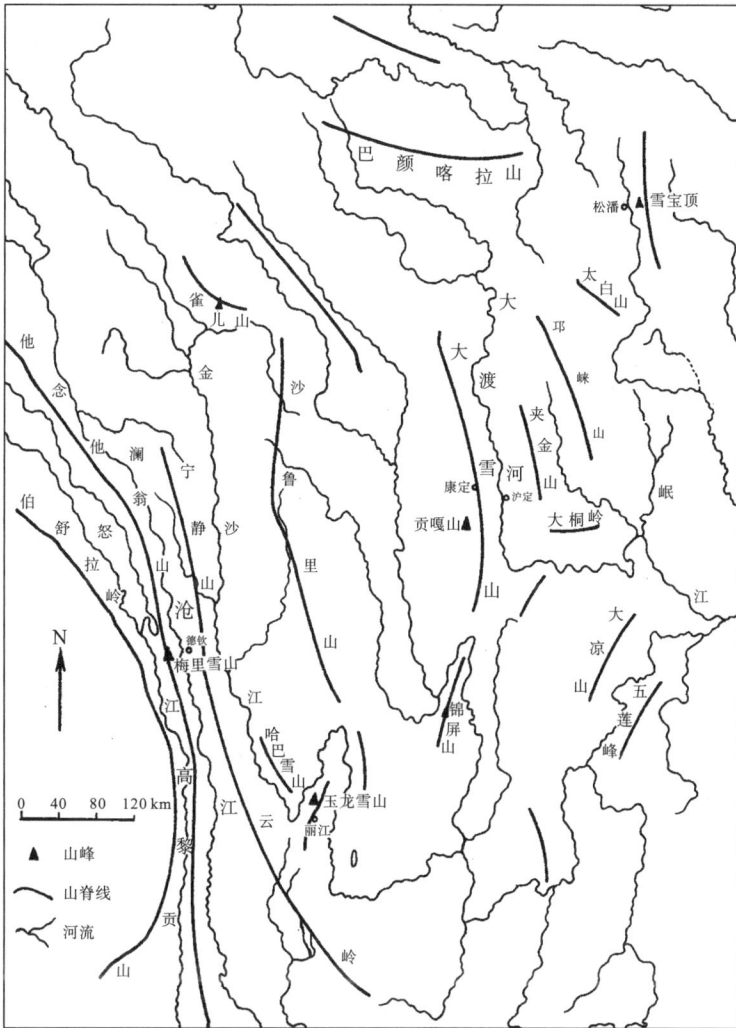

图 5-3　横断山地区山文水系分布图(据李吉均等，1996)[105]

Figure 5-3　Distribution Map of Orography and River System in the Hengduan Mountion Region

期变化幅度最大的地区。

横断山的现代冰川主要分布在宁静山—云岭以西的各条山脉。宁静山以东各条山脉之中，以沙鲁里山冰川条数最多，有冰川264条，面积233.04 km²。格聂群峰，涉及面积1432 km²，是沙鲁里山脉的腹地，有海拔高于5500 m的雪峰50余座。其主峰格聂神山海拔6204 m，为四川省第三高峰，终年不化的冰雪面积共有76.2 km²，发育有多条现代山岳冰川，山体上部终年积雪；属深切割极高山地貌，山脊呈刃状，悬崖峭壁相连，裸岩峥嵘，山体上部有刃脊、角峰、鳍脊状刃脊、U形谷、冰斗、冰湖等第四纪古冰川遗迹及现代冰川地貌。

格聂群峰现代冰川以冰斗冰川数量最多，如格聂主峰。该类冰川发育在山坡或谷源漏斗状凹盆，凹盆后壁陡峻，底部平缓，呈明显的冰斗状，斗口窄小，有短促的冰舌，冰舌长度均小于冰斗长度。从平面图上看，冰川形状为圆形或椭圆形，都有小冰舌，但冰舌未达到谷地。

格聂群峰现代冰川景观分布在海子山自然保护区西北部，是由格聂主峰及其周边的克麦隆、肖扎、黑和日扎、霞兄山、多吉羌山等10余座雪山组成的浩浩荡荡的雪山群(见附录B-1)。

2. 格聂群峰的冰期划分及景观形成

据曹俊[107]等研究，格聂群峰冰期可以分为四期：

(1)第一期为乃干多冰期。在乃干多、车木麻拉、查茸喜等地，有大面积的冰碛物，形成山麓冰碛平原，岩性为浅黄色、黄白色细粉砂泥以及花岗岩漂砾，不具分选性。花岗岩砾球形风化明显，表面已疏松砂状，长石已高岭土化。分布的高程下限为3720 m。

(2)第二期为冷达冰期。在格则、冷达、热梯等地，在U谷内形成侧碛堤与终碛堤。多被后期的冰碛物覆盖。还有些被流水切割或改造，如格则、冷达等地，只保留相互平行的那部分，在冷达尚保留四条。其海拔高程的下限，在冷达、格则为3760 m，热柯为4120 m。

(3)第三期为格猜钦多冰期。在格猜钦多、笑基隆巴、岛沟沟口、格姆若巴、谢果同等地，冰碛物保存完好，终碛堤、终碛垄呈马蹄形，一般高出谷底50—100 m，为褐黄色黏十、浅黄色细砂、粉砂及花岗岩砾石、岩块，不具分选性，表面常有巨大漂砾。河流通过常形成急流瀑布，内侧形成平坝、沼泽、湖泊。在谢果同有五道冰碛丘陵，宽1 km多。在格姆若巴有五、六道相对应的终碛垄见于U谷两侧。其分布高程下限，在谢果同为3800 m，在格猜钦多为3840 m，在岛沟为4120 m，在笑基隆巴为4200 m，在格姆若巴为4160 m。

(4)第四期为现代冰川。格聂雪峰中冰斗冰川数量最多，悬谷冰川次之，较好的山谷冰川有两条。其中一条为中钠沟沟尾山谷冰川，长4 km，源于5676 m的赵公雪山，冰舌的冰层厚约40 m，冰舌可下到4820 m，表面有涓涓细流和冰洞,是表层融化冰水流向冰舌底部的通道,发育侧碛垄、前碛垄和巨大漂砾。另一条为哈日冰川,源自 5838 m 的毛公雪山,长 2.3 km,冰舌前端海拔 4920 m,由于冰川退缩,遗留较多冰碛物。

5.2.3　与邻近地区冰川对比

海子山自然保护区位于沙鲁里山中南部。沙鲁里山脉,位于金沙江上游与雅砻江上游之间,走向近南北,绵延 500 多公里,其中,德格雀儿山、理塘格聂神山、稻城三神山等都是著名的雪山,现代冰川发育,第四纪古冰川遗迹也极为典型。

1. 巴塘海子山

巴塘海子山位于稻城海子山以北,著名的毛垭坝(大草原)盆地西侧,是巴塘县与理塘县的界山,国道 318 线东西向穿过。巴塘海子山以多海子(湖泊)故名。巴塘海子山及其周围,冰川堆积地貌和侵蚀地貌发育良好,保存极佳。根据冰川地貌之间相互关系,其第四纪冰川遗迹分为四期[107](图 5-4)。

第一期为海子山冰期。冰碛层主要分布于海子山山顶及柴火沟、措泥巴沟、孔隆沟、赤格沟等沟谷之间的分水岭平台上,海拔 4600—4700 m。它与稻城海子山古冰帽遗迹区内的海子山冰期形成的冰碛台地完全一致。堆积物为棕黄色泥砾,成分复杂,胶结较坚实。砾径一般 2—10 cm,少量 1—2 m,多呈棱角次棱角状,少量微圆。

第二期为龙古冰期。该期冰川为典型的山谷冰川,切割第一期冰碛台地形成冰川 U 谷,冰碛物多见于冰川 U 谷两侧,形成区内最高的侧碛堤,海拔 4500—4600 m,较第一期冰碛台地矮 100—200 m。在柴火沟、措泥巴沟、孔隆沟、赤格沟等沟谷,均能见到这一期冰川侧碛堤。冰碛堆积物为浅黄色泥沙与角砾,角砾呈次棱角状、次圆状,砾径 2—10 cm,个别达 1 m。顶部覆盖褐黄色黏土层,含松属、冷杉属、水龙骨属等孢粉,为间冰期沉积。与海子山古冰帽遗迹区内龙古冰期相当。

第三期为措泥巴冰期。该期也为典型的山谷冰川,具有较强的向下切割能力。该期冰川切割第二期冰碛,在冰川 U 谷两侧形成新的冰川侧碛堤,较第二期的侧碛堤低 200—300 m。冰川 U 谷有多道终碛堤、垄,时见融积岗、冢,内侧发育湖泊。冰川 U 谷上游海拔 4900—5000 m 地段排列着古冰斗,古冰斗内或其出口处有大量块碛砾。终碛堤上部有不厚的黏土层,含蓼属、栎属、铁杉、杜鹃科等孢粉,代表短暂的间冰期。与海子山古冰帽遗迹区内末次冰期相当。

现代冰川。分布在海拔 5200 m 以上的山岭地带,其冰舌最低海拔约在 5100 m 处,多为冰斗冰川和悬谷冰川。冰舌两侧和冰前可见冰碛物,为全新统

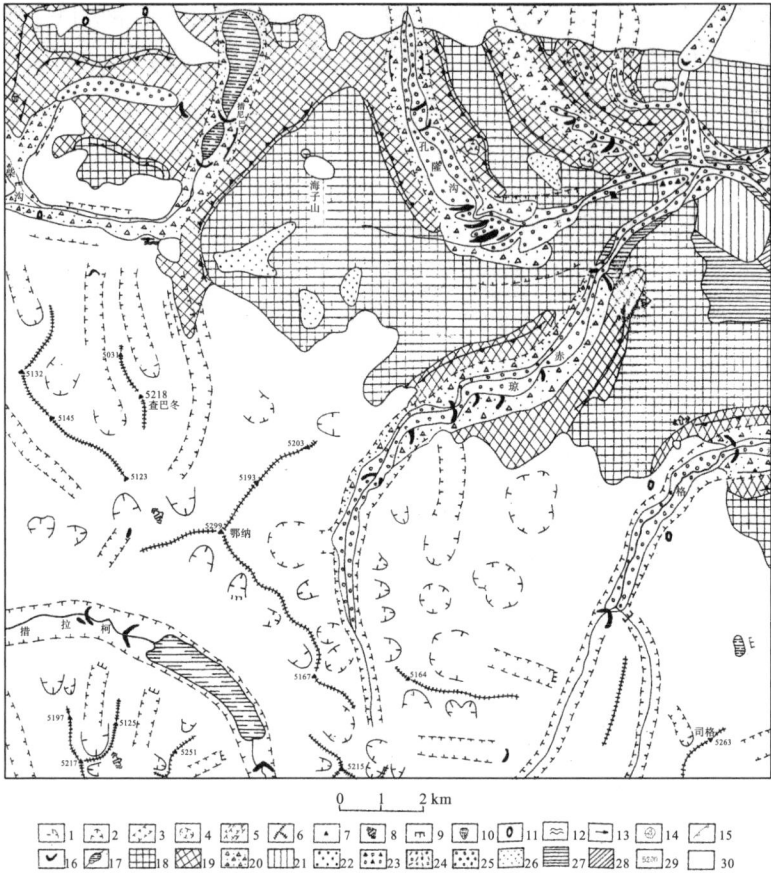

1. 冰斗；2. 破冰斗；3. U谷；4. 冰窖；5. 套谷；6. 刃脊；7. 角峰；8. 溢口；9. 冰坎；
10. 锅穴；11. 冰漂砾；12. 皮面构造；13. 冰溜面；14. 石环；15. 侧碛堤；16. 终碛堤；
17. 冰蚀湖；18. 第一冰期冰碛物；19. 第二冰期冰碛物；20. 第三冰期冰碛物；21. 冰水沉
积物；22. 第一次洪积物；23. 第二次洪积物；24. 第三次洪积物；25. 冲积物；26. 湖沼堆
积物；27. 河谷Ⅰ级阶地；28. 河谷Ⅱ级阶地；29. 海拔；30. 基岩

图 5-4　巴塘海子山第四纪冰川地质图(据曹俊、赵友年，2007)[107]

Figure 5-4　Geological Map of Quaternary Glacier in Batang Haizishan

小冰期产物。现代雪线约为 5200—5400 m，在这个高程以上，角峰、鳍脊、冰
斗等冰蚀地貌多多。

2. 德格雀儿山

雀儿山，有 5500 m 以上的高峰 16 座，最高峰 6168 m，为四川省第四高峰。
有终年不化的积雪面积数十平方公里，发育现代冰川，第四纪冰川遗迹也很发
育，共分为四期[107]（图 5-5）。

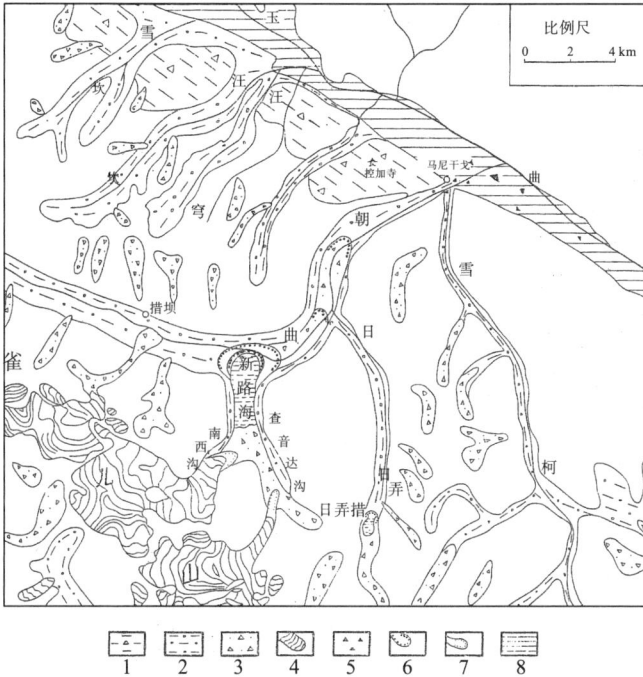

1. 拉加寺冰期遗迹；2. 朝曲冰期遗迹；3. 新路海冰期遗迹；4. 现代冰川；5. 朝曲冰期冰川漂砾；6. 新路海冰期终碛；7. 现代冰川终碛；8. 冰川—河流沉积

图 5-5　德格雀儿山冰川遗迹分布略图(据四川省地矿局区域地质调查队，2006)[101]

Figure 5-5　Distribution of Glacial Relics of Que-er-Shan in Deige

第一期为拉加寺冰期。见于马尼干戈—石渠公路南侧的拉加寺、雪坎、汪穹等地，由于遭受侵蚀而丘陵化，呈零散分布的冰碛平台。冰碛物为泥与冰碛砾组成，冰碛砾由花岗岩类及部分砂岩组成，砾径可达 1 m。出露最低海拔为3900 m。从冰碛平台比仅邻的第四级阶地还老来看，它无疑是雀儿山地区最早的一次冰期。

第二期为朝曲冰期。为山谷冰川，见于马尼干戈之朝曲中上游 U 谷内的新路海一带及两侧树枝状分布的 U 谷内，如朝曲、日弄、日龙色加、昂杂库、色曲、捉佛、多浦沟等 U 谷，都有它的踪迹。冰川侧碛冰碛泥砾海拔 3850—4500 m，高出现代河床 150—200 m，从南西往北东，切穿了加拉寺冰期的冰碛物，显然比加拉寺冰期晚。

第三期为新路海冰期。新路海，为一班人美丽的冰蚀湖，其北口，半环状终碛横切朝曲冰期的 U 谷和侧碛，其分布高度比朝曲冰期的冰碛低 150—200 m，在公路第一道班附近海拔 3996 m，展布于朝曲河谷底部。在区域上，日弄错、约格马、缺戈马、舍衣沟、错龙、格勒、阿尕弄等古冰碛及海拔 4500—4800 m 的冰斗、冰蚀湖等都可能属此冰期之产物。

现代冰川。雀儿山有终年不化的粒雪区面积约 80 km²，主山脊两侧发育众多现代冰川，为冰斗冰川与山谷冰川类型。冰斗冰川多在冰峰之下，常被冰雪覆盖。山谷冰川有至少20条，长度一般300—1000 m，宽100—400 m，其中，查音达、新路海西南沟及帛杂库三条山谷冰川规模较大、典型且壮观。

3. 总结

以上分析表明，海子山自然保护区内的古冰川遗迹与邻近的巴塘海子山、德格雀儿山相比较，同处沙鲁里山地区，其冰川活动，具有同一气候背景，具有完全统一的活动机制（见表5-1）。

表5-1　海子山与邻近地区冰川对比一览表（据曹俊、赵友年，2007，修改）[107]

Table 5-1　Haizi Shan Glaciers Comparative Table with the Neighboring Regions

冰川时代	冰期划分	冰川类型	冰川特征	稻城（理塘）海子山	理塘格聂群峰	巴塘海子山	德格雀儿山
全新世（底界距今约1万年±）	现代冰川及其小冰期	冰斗冰川、悬谷冰川	现代冰川位于海拔4820 m以上，多为冰斗冰川和悬谷冰川及少量山谷冰川。下部为小冰期之冰碛	缺失	现代冰川小冰期	现代冰川	现代冰川小冰期
晚更新世（底界距今约10万年±）	第三冰期	山岳冰川	以山谷冰川为主，向下切割能力强。侧碛、终碛发育，形成小型湖泊	末次冰期	格猜钦多冰期	措泥巴冰期	新路海冰期
中更新世（底界距今约100万—120万年）	第二冰期	山谷冰川，山麓冰川	以山谷冰川为主，向下切割能力弱。U谷及侧碛、终碛宽大，形成大型湖泊	龙古冰期	南达冰期	龙古冰期	朝曲冰期
早更新世（底界距今约260万—300万年）	第一冰期	高原冰川，冰帽。大陆冰川，冰盾	属大陆冰川及平顶冰川类型，呈面积较大的冰盾、冰帽。剥蚀—夷平能力极强，多呈大型冰碛台地产出	海子山冰期	乃干多冰期	海子山冰期	拉加寺冰期

5.3　海子山自然保护区的生态成景分析

受气候、水热条件和地形地貌以及其他自然和人为因素的长期影响，海子山自然保护区形成类型丰富多样的生境及微生境，形成了独具特色的生态系统景观。

5.3.1　湿地生态景观

海子山自然保护区的湿地总面积143703 hm²，占保护区总面积的31.3%。湿地景观是海子山自然保护区的代表性景观之一。

在海子山冰帽作用面上，由纯侵蚀和侵蚀堆积形成的冰蚀岩盆星罗棋布，无论规模还是数量，在我国均是独一无二的。从规模上看，$2—3 \ km^2$ 的冰蚀盆地比比皆是；就数量而言，达到 1145 个之多，平均密度为 0.3 个$/km^2$。这些冰蚀岩盆水深的形成湖泊湿地（见附录 A-1），水浅的则形成沼泽湿地。在一些冰川 U 形谷，谷底宽阔，形成河流滩地。沼泽湿地和河流滩地主要以木本灌丛湿地为主。

与四川其他地区湿地相比较，海子山自然保护区内的湿地有如下特点：

（1）是四川省平均海拔最高的湿地，湿地分布区平均海拔在 3500—5000 米；

（2）是高山湖泊最多、密度最大的湿地，总计有 440 个高山湖泊；且全部为第四纪末次冰川退缩后形成的冰碛湖。

（3）是以灌丛为主的木本沼泽湿地，草本沼泽湿地仅分布在沟谷。这一点是非常罕见的，我国木本沼泽湿地主要分布在沿海地区，如红树林湿地等，而高寒灌丛湿地是海子山自然保护区的独特之处。

5.3.2　草地生态景观

草地生态系统（见附录 A-2）是海子山自然保护区主要分布的生态系统类型，面积 $2374.7 \ km^2$，占保护区总面积的 51.72%，主要分布在海拔 $3600 \sim 4800 \ m$。保护区草地生态系统种类以禾草、蒿草、苔草、马先蒿、珠芽蓼、圆穗蓼、狼毒、凤毛菊等为优势种。这些植物普遍耐寒性强，多年生种类占绝对优势，多数植物花期很长，植株普遍矮小（有的成为垫状），有利于越过高原严冬以及适应高原上短暂而变化极大的生长季节。

草地生态景观广泛分布在山麓冰碛平原、侧碛堤与终碛堤等冰川遗迹上，有大量的冰碛物。这些表面已风化的花岗岩砾石如繁星点点般散布在草丛间，形成了独特的草地景观。

5.3.3　灌丛生态景观

海子山自然保护区的灌丛生态系统是保护区另一种主要分布的生态系统类型，面积 $1109.29 \ km^2$，占保护区总面积的 24.16%。灌丛生态系统主要有亚高山林下灌丛和高山灌丛两种类型。

亚高山林下灌丛主要分布在 4000 m 以下的林下，常见种有杜鹃、窄叶鲜卑花、金露梅、银露梅、绣线菊、小檗、高山柳和忍冬等。

高山灌丛常与草甸交错分布于海拔 $3600 \sim 4800 \ m$，主要种类有杜鹃、金露梅、窄叶鲜卑花、香柏、高山柳、锦鸡儿、小檗、沙棘等。

5.3.4　森林生态景观

海子山自然保护区森林生态系统面积 840.99 km²，占保护区总面积的 18.32%。森林生态系统景观在古冰帽夷平面很少见，主要分布在保护区的沟谷地带。

由于保护区内气候环境条件复杂，造成森林植被带常出现混杂的现象，如冷杉、云杉林的混杂，森林常有分布于灌丛及高山草甸之上的现象（见附录 A-3）。森林分布上限高，大多地区可达到 4000 m，在曲布沟、青元库一带近 4150 m 的地区发现有针阔混交林分布。

5.3.5　流石滩生态景观

在稻城古冰帽作用面上，散布着大量的冰碛物，形成流石滩裸岩（见附录 A-4），这一独特的荒漠生态系统。流石滩的基底以岩石为主，土壤极少，生物量和生产力极低。在海拔较高的地带 4300—4600 m，流石滩上有阔叶灌木的分布，甚至仍有高大乔木分布。草本层种类也比较丰富。盖度也较大，在 50%—60% 左右。在海拔 4700 m 以上的地带，流石滩植被主要以革叶灌木和较单一的草本种类组成，群落总盖度较小，一般只有 5%—10%。

5.3.6　动物生态景观

海子山自然保护区面积大，生境类型多样，野生动物种类丰富，数量很多。动物景观往往与植物景观共生，它们的形色、动态、声音与其生态环境的结合，共同构成自然景观中最生动的一部分。

在高山裸岩、流石滩及高山灌丛生境中，岩羊的种群数量相当大。格木神山是海子山自然保护区岩羊分布最集中的区域。该区主要是以高山柏、杜鹃、草甸、裸岩、海子等组成的自然景观。

保护区内的各大海子、沼泽和溪流，生活着觅食和活动都在水中或岸边的鸟类，如黑颈鹤、秋沙鸭等。兴伊措是观察鸟类的绝佳去处。

5.4　海子山自然保护区旅游地学资源的评价

5.4.1　类型

海子山自然保护区旅游地学资源类型丰富，点多面广。通过对海子山自然保护区的实地踏勘和资料查阅，为了便于对比分析，以《旅游资源分类、调查与评价》（GB/T18972—2003）国家标准为依据，结合旅游地学资源的实际情况，将其旅游地学资源的类型体系做出了如下归纳（表 5-2）。

表 5-2　海子山自然保护区旅游地学资源分类表

Table 5-2　Geo-tourism Resources Type of Haizi Shan Natural Reserve

主类	亚类	基本类型	代表性景观
A 地文景观	AA 综合自然旅游地	AAA 山丘型旅游地	格聂山、喀麦隆山
		AAB 谷地型旅游地	查冲西沟、格聂山大峡谷、仲拿沟、仲嘎沟、措岗措 U 型谷、木楠哈峡谷
		AAC 沙砾石地型旅游地	海子山、格萨尔王战斗区
		AAD 滩地型旅游地	虎皮坝湿滩地、肖扎湿滩地
		AAE 奇异自然现象	草塔
		AAF 自然标志地	格聂山——康南第一峰，四川第三峰
		AAG 垂直自然地带	格聂生态旅游区众多山峦
	AB 沉积与构造	ABC 节理景观	乐舒桥节理构造、老林口节理
		ABE 钙华与泉华	仲拿沟
		ABG 生物化石点	海螺石
	AC 地质地貌过程形迹	ACA 凸峰	格聂、肖扎、喀麦隆
		ACC 峰丛	格聂群峰
		ACE 奇特与象形山石	兔儿山、猪头石、格萨尔王帐篷
		ACF 岩壁与岩缝	袈裟石(冷古寺附近)、大小地狱
		ACG 峡谷段落	嘎巫、仲拿沟
	AD 自然变动遗迹	ADF 冰川堆积体	海子山道班终碛垄群、天牛相留终碛垄、100 公里道班终碛垄等
		ADG 冰蚀侵蚀遗迹	冰蚀盆地，如兴伊措、幸开措、章纳措等等
B 水域风光	BA 河段	BAA 观光游憩河段	热曲河、格聂河段
	BB 天然湖泊与池沼	BBB 沼泽与湿地	虎皮坝高寒湿地、湖泊湿地
		BBC 潭池	米湖、肖扎湖
	BC 瀑布	BCA 悬瀑	肖扎瀑布
	BD 泉	BDA 冷泉	药泉
		BDB 地热与温泉	肖扎温泉、格则温泉
	BF 冰雪地	BFA 冰川观光地	格聂群峰及其周围的现代冰川
		BFB 常年积雪地	格聂、肖扎、喀麦隆山等山峰
C 生物景观	CA 树木	CAA 林地	青冈林、高山针叶林、松树林，杨树、桦树等
		CAB 丛树	
		CAC 独树	
	CB 草原与草地	CBA 草地	格木草原
		CBB 疏林草地	遍布保护区，如热日卡、冷达草塔

主类	亚类	基本类型	代表性景观
C 生物景观	CC 花卉地	CCA 草场花卉地	遍布保护区，高山杜鹃群落、红景天、嵩草、藏沙棘等
		CCB 林间花卉地	
	CD 野生动物栖息地	CDA 水生动物栖息地	湖泊内无鳞鱼、重嘴鱼
		CDB 陆地动物栖息地	冷古寺的岩羚、格聂神山的岩羊、兴伊措的白鹿唇
		CDC 鸟类栖息地	兴伊措的黑颈鹤、中华沙秋鸭等
D 天象与气候景观	DA 光现象	DAB 光环现象观察地	雪山群峰日照金山
	DB 天气与气候现象	DBA 云雾多发区	云海、雾瀑、彩虹
		DBD 极端与特殊气候显示地	高原气候景观
E 遗址遗迹	EB 社会经济文化活动遗址遗迹	EBH 烽燧	嘎巫碉楼
数量统计			
5 主类	16 亚类	40 基本类型	

5.4.2　其他旅游资源

海子山自然保护区的旅游资源类型以旅游地学资源为主。但是与海子山自然保护区密切相关的社区均为藏族聚居区，属于康巴文化的范畴，呈现出丰富多彩的人文风情。海子山自然保护区的旅游开发应将保护区内丰富的旅游地学资源和周边社区多彩的人文旅游资源相结合。主要的人文旅游资源有以下几种。

1. 圣洁的格聂神山

格聂神山从河谷到极高山，雪峰、海子、草甸、蛇曲湿地，旅游地学景观丰富多彩。同时，它也是康南最大的圣山，在藏传佛教 24 座圣山中排名第十三位，属马。

2. 神秘的藏传佛教

格聂神山脚下的冷古寺位于格聂山道的要口，地处格聂山和海拔 5807 m 的肖扎山之间的峡谷之中，冷古寺建寺历史悠久。其寺址地形独特，就地取材，集中体现了藏民族的建筑风格。在藏民和信徒中有这样的说法："要去拉萨朝拜，必先朝拜冷谷寺，方能前往拉萨"，以至每逢马年转山朝拜时，康巴地区和云南滇西北地区来这里朝圣者络绎不绝。

3. 多彩的康巴风情

海子山自然保护区属于康巴文化的范畴，牧业与农业并存，以藏文化风俗为主，同时融汇吸收了当地和邻近地区其他民族文化，呈现出浓郁的康巴风情。乃干多藏寨是保护区内唯一的藏寨，以藏寨民居、晒物架、牛羊圈、残垣断壁老房、伸臂小桥、流水等组成朴实的藏寨风貌，是一个活的民族村寨博物馆。

5.4.3　评价

1. 定量评价

主要参考《中国森林公园风景资源质量等级评定》（GB/T18005—1999），结合《旅游资源分类、调查与评价》（GB/T 18972—2003)和《自然保护区生态旅游规划技术规程》（GB/T 20416—2006)对海子山自然保护区的旅游资源按照"旅游资源共有因子综合评价系统"赋分，从风景资源质量、区域环境质量、旅游开发利用条件三方面进行定量评价。评定保护区的风景资源质量等级。

1)风景资源质量评价

通过对研究区风景资源的评价因子评分值加权计算，获得风景资源基本质量分值，结合风景资源组合状况评分值和特色附加分值，获得研究区风景资源质量评价分值；满分值为 30 分。其中"资源基本质量"项目包含"典型度、自然度、吸引度、多样度和科学度" 5 个评价因子。"资源组合状况"指风景资源类型之间的联系、补充、烘托等相互关系程度。"特色附加分"指风景资源单项要素在国内外具有重要影响或特殊意义。通过风景资源的评价因子评分值加权算出"资源基本质量"分值，结合"资源组合状况"分值和"特色附加"分值，即可得出风景资源质量评价分值(式 5-1)。

$$M = B + Z + T \qquad\qquad (式 5-1)$$

式中：M 为风景资源质量评价分值；B 为风景资源基本质量分值；Z 为风景资源组合状况分值；T 为风景资源特色附加分。其中：$B = \sum X_i \sum F_i / F$；$X$ 为风景资源类型评分值；F 为风景资源类型权重。

经计算，海子山自然保护区的风景资源质量评价得分为 28 分。详见表 3-3。风景资源质量评价总分为 30 分，表明海子山自然保护区的风景资源质量比较高，具有生态旅游开发的价值。

2)区域环境质量评价

区域环境质量评价指标包括：大气质量、地表水质量、土壤质量、负离子含量和空气细菌五项评价项目。

根据表 5-4 评价得分值累加计算，海子山自然保护区的环境质量评价分值

(H)得分为 10 分(满分值为 10 分)。

表5-3　海子山自然保护区风景资源质量评价表

Table 5-3　Scenic Resource Quality Evaluation of Haizi Shan Natural Reserve

资源类型	评价因子	标准评分值	评分值	权数		资源基本质量加权值		资源质量评价值	
				理想值	评分值	理想值	评分值	理想值	评分值
地文资源 X1	典型度	5	5	20 F1	20	26.5	24.5	30	28
	自然度	5	5						
	吸引度	4	4						
	多样度	3	3						
	科学度	3	3						
水文资源 X2	典型度	5	4	20 F2	17				
	自然度	5	5						
	吸引度	4	4						
	多样度	3	2						
	科学度	3	2						
生物资源 X3	典型度	10	10	40 F3	40				
	自然度	10	10						
	吸引度	8	8						
	多样度	6	6						
	科学度	6	6						
人文资源 X4	典型度	4	3	15 F4	13				
	自然度	4	4						
	吸引度	3	3						
	多样度	2	2						
	科学度	2	1						
天象资源 X5	典型度	1	0.5	5 F5	2.5				
	自然度	1	0.5						
	吸引度	1	0.5						
	多样度	1	0.5						
	科学度	1	0.5						
资源组合 Z	组合度	1.5		1.5					
特色附加分 T		2		2					

表 5-4　海子山自然保护区区域环境质量评价表
Table 5-4　Environment Quality Evaluation of Haizi Shan Natural Reserve

评价项目	评价指标	标准分值	评价得分
大气质量	达到国家空气环境质量(GB 3096—1996)一级标准	2	2
	达到国家大气环境质量(GB 3096—1996)二级标准	1	
地面水质量	达到国家地面水环境质量(GB 3838—2002)一级标准	2	2
	达到国家地面水环境质量(GB 3838—2002)二级标准	1	
土壤质量	达到国家土壤环境质量(GB 15618—1995)一级标准	1.5	1.5
	达到国家土壤环境质量(GB 3096—1996)二级标准	1	
负离子含量	旅游旺季主要景点其含量为 5 万个/cm³	2.5	2.5
	旅游旺季主要景点其含量为 1 万—5 万个/cm³	2	
	旅游旺季主要景点其含量为 3000—1 万个/cm³	1	
	旅游旺季主要景点其含量为 1000—3000 个/cm³	0.5	
空气细菌含量	空气细菌含量为 1000 个/m³ 以下	2	2
	空气细菌含量为 1000 至 1 万个/m³	1.5	
	空气细菌含量为 1 万—5 万个/m³	0.5	
合计			10

3)旅游开发利用条件评价

旅游区旅游开发利用条件评价指标包括：景区面积、旅游适游期、区位条件、外部交通、内部交通和基础设施条件。

根据表 5-5 评价得分值累加计算，海子山自然保护区的旅游开发利用条件评价分值(L)得分为 3.5 分。旅游开发条件总分值为 10 分，而海子山自然保护区的旅游开发利用条件得分仅 5 分，表明其旅游开发利用条件不容乐观。

表 5-5　海子山自然保护区旅游开发利用条件评价表
Table 5-5　Development of Terms Evaluation of Haizi Shan Natural Reserve

评价项目	评价指标	标准评价分值	评价分值
景区面积	规划面积大于 500 hm²	1	1
旅游适游期	大于或等于 240 d/a	1	
	小于 150 d/a	0.5	0.5
区位条件	以景区为中心，半径 100 km 内有 100 万人口规模的城市，或 100 km 内有著名的旅游区(点)	1.5	
	距省会城市(含省级市)或著名旅游区(点)100—200 km	1	1
	距省会城市(含省级市)或著名旅游区(点)超过 200 km	0.5	

评价项目		评价指标	标准评价分值	评价分值
外部交通	铁路	50 km 内通铁路，在铁路干线上，中等或大站，客流量大	1	0.5
		50 km 内通铁路，在铁路干线上，客流量小	0.5	
	公路	国道或省道，有交通车随时可达，有一定客流量	1	
		省道或县级道路，交通车较多，有一定客流量	0.5	
	水路	水路较方便、客运量大，在当地交通中占有重要地位	1	
		水路较方便，有客运	0.5	
	航空	100 km 内有国内空港或 150 km 内有国际空港	1	
内部交通		区域内有多种效能方式或供选择，具备游览的通达性	1	0.5
		区域内交通方式较为单一	0.5	
基础设施条件		自有水源或各区通自来水，有充足变压电供应，有较为完善的内外通信条件，旅游接待服务设施较好	1	
		通水、电，有通讯、接待能力，但各类基础设施条件一般	0.5	
合计				3.5

4)旅游资源质量等级评价

海子山自然保护区旅游资源质量等级评定分值按公式 5-2 计算：

$$N = M + H + L$$
$$= 28 + 10 + 3.5 \qquad\qquad (式 5\text{-}2)$$
$$= 41.5(分)$$

式中：N 为景区风景资源质量等级评价分值；M 为风景资源质量评价分值；H 为区域环境质量评价分值；L 为旅游开发条件评价分值。

旅游区旅游资源质量等级评定分值满分为 50 分，划分三个等级：40—50 分为一级，30—39 分为二级，20—29 分为三级。海子山自然保护区风景资源质量等级评定得分为 41.5 分，达到一级标准。

2. 定性评价

(1)类型较丰富，组合完美。在全国 8 个"主类"、31 个"亚类"和 155 个"基本类型"的旅游资源中，海子山自然保护区的"主类"有 5 个，"亚类"16 个，"基本类型"40 个。海子山国家级自然保护区旅游资源种类较丰富，集合了类型各异的地质地貌形态和丰富多彩的生物景观，高山湖泊、群峰、原始森林、草原构成了复杂而多样化的景观类型，分布错落有致，密度大，组合完美。

(2)核心资源品位高，规模大。海子山自然保护区内分布着青藏高原乃至世界规模最大、最典型的古冰帽遗迹——"稻城古冰帽"，拥有罕见壮丽的雪峰群景观和康南第一高峰，其核心旅游资源世界一流，垄断性强，其景观奇特、资源丰富、生态原始、保存完好，具有重要科学和美学价值。

（3）景观季节性差异明显，游赏价值高。海子山自然保护区的生态系统多样，景观季节性差异大，春有似火杜鹃漫山开放，夏有山林葱郁翠绿欲滴，秋有点点野花点缀山野，冬有漫天飞雪满眼洁白。保护区的景观犷中有精，静中有动，雄中有秀，野中有雅，观赏性强，游赏价值高。

（4）资源原生性强，保护难度大。海子山自然保护区地处高海拔地区，自然生态环境较为脆弱，原生性强；民族文化也易受到外来文化的侵蚀，旅游开发稍有不慎，就会对资源造成破坏，旅游资源的保护难度较大，旅游开发条件不容乐观。

5.4.4　区域旅游资源比较

区域资源差异化研究对旅游区未来发展定位意义重大，选取区域内最具代表性的稻城亚丁和巴塘措普沟进行对比研究。见表 5-6。

表 5-6　区域旅游资源比较

Table 5-6　Comparison of Regional Tourism Resources

名称	区位及可达性	主要资源特点	开发现状
亚丁	稻城县南部，距县城 90 km，距省会成都 913 km。	集自然、风景和地质遗迹为一体，景区核心景观资源是呈品字形排列的三座雪山——"以山为美"	已开发，市场知名度较高
措普沟	巴塘县北部，距县城 120 km，距州府康定 483 km，距省会成都 851 km。	集生态观光及文化体验的旅游目的地。有被誉为"康巴第一圣湖"的措普湖，还有热喷泉、热爆坑等——"以水为美"	待开发
海子山自然保护区	理塘县西部，距县城 71 km，州府康定 350 km，距省会成都 725 km。	境内有世界规模最大、最典型的古冰帽遗迹——"稻城古冰帽"，拥有罕见壮丽的雪峰群和康南第一高峰，拥有丰富的山地冰川、高原湖泊、温泉叠瀑、草原森林、湿地莽原、河流峡谷等生态资源，还有藏传佛教、藏寨乡村等独特人文资源——奇在古冰帽，美在雪峰群，绝在大山水，胜在原生态	待开发

从区域资源的比较分析可以看出看，三者资源存在一定的同质性，但各有特点：亚丁以三神山为核心，三座神山旷世独立，美在山；措普沟以措普湖、热喷泉为核心，美在水；格聂山奇在古冰帽，美在雪峰群，绝在大山水，胜在原生态，以景观多样性、原生性强，组合完美为特色。

第6章 海子山自然保护区的地质遗迹景观分析

地质遗迹是指在地球演化的漫长地质历史时期，由于各种内外动力的地质作用，形成发展并遗留下来的珍贵的、不可再生的地质自然遗产。地质遗迹景观是指具有观赏价值的地质遗迹，并能对旅游者产生吸引力，可以为旅游业开发利用的景观。地质遗迹景观是地质遗迹的一部分，并不是所有的地质遗迹都具有旅游开发的价值[108]。

海子山自然保护区自1997年12月被批准为省级自然保护区后，当地政府已经有意识地为保护当地的生态和环境而做了相应的调查和规划工作，但这些工作多是针对珍稀动植物资源和生态环境而进行的，而对区内珍贵的地质遗迹景观资源涉及很少或基本未涉及。地质遗迹景观是海子山自然保护区的重要旅游地学景观。因此，针对海子山自然保护区的保护性旅游开发，必须加强对其地质遗迹景观的研究。

6.1 海子山自然保护区地质遗迹景观分类

海子山自然保护区的地质遗迹景观规模宏大、资源丰富、形象突出，结构较完整，尤以第四纪末次冰川遗迹——稻城古冰帽遗迹和格聂群峰的现代冰川景观最具特色和观赏性，主要包括冰川地貌景观、高山峡谷地貌景观、水体景观和构造地貌景观4大类。按照地质遗迹景观分类方案，可将本区地质遗迹景观分为18亚类(表6-1)。

表 6-1 海子山自然保护区地质遗迹景观分类表

Table 6-1 Geological Relic Sight Type in the Haizi Shan Natural Reserve

		基本类型	主要景点
地质遗迹景观	湖泊	冰碛堰塞湖	狼格措、辛开措、章纳措、里依措、兴伊措、从前措、夏如措、爬松措、热达光木措、措恩、嘎东措、峡如措、希措、灵公措、哈什措、玛母措、塘萨措、银则措、凶金措光、玛丁措、措岗措、迈迈措、层延措、沃尼措、额措、康措、银措、冬措、银根莫措和其他未命名湖泊共计105个
		冰蚀湖	扎朗措、热达河木措和未命名湖泊等7个
	冰川侵蚀地貌	古冰斗	位于扎然、拉麻多热、银则措南侧、亚尼音等地
		冰川槽谷	爬撞得U形谷、海子山道班U形谷、拉麻多热U形谷、当多麻拉U形谷、措恩U形谷、哈什U谷、沃尼措U谷、措岗措U谷
		冰蚀盆地	冰蚀盆地比比皆是，计共有1145个

	基本类型		主要景点
地质遗迹景观	冰川侵蚀地貌	羊背石	爬松措羊背石、夏如措 1 号羊背石、夏如措 2 号羊背石
		冰臼	打那冰臼群、夏如措冰臼
		冰川擦痕	几乎所有花岗岩冰漂砾中均能见到
	冰川堆积地貌	终碛堤（垄）	几乎所有的湖泊均为冰碛堰塞堤或垄，堤、垄大多属于冰川前碛垄与终碛垄，如兴伊措湖堤、从前措湖堤、希措湖堤、哈什措湖堤、银则措湖堤、迈迈措湖堤、层延措湖堤、冬措湖堤、银措湖堤、康措湖堤以及天牛相留终碛垄、100 公里道班终碛垄、达久睡久终碛垄、银洞终碛垄等
		侧碛堤	区内侧碛堤主体呈北东向延伸，主要集中分布于辛开措—兴伊措—100 公里道班之间以及希措、冬措等地，最具观赏价值的为天牛相留侧碛堤、夏如措侧碛堤、达久睡侧碛堤、100 公里道班侧碛堤等
		冰漂砾石海	冰漂砾星罗棋布，散布在区内每个角落，石海最雄伟壮观的为 100 公里道班石海、乐舒桥石海等
	现代冰川地貌		格聂神山、喀麦隆山、肖扎神山等
	高寒湿地		虎皮坝蛇曲湿地、玛母藏嘎湿地、哈什湿地、从前措湿地、兴伊措湿地等
	峡谷		查冲西沟、格聂山大峡谷、木楠哈峡谷、仲拿沟、仲嘎沟
	地热与温泉		嘎巫、热日卡
	石林		老林口道班东侧花岗岩石林
	典型地质构造		老林口道班东侧沟口花岗岩节理构造、乐舒桥花岗岩节理构造、夏如措花岗岩节理构造等
	奇特与象形山石		冷达象形山石群、冷古寺大鹏展翅象形石、石蘑菇、风动石、企鹅石、仙桃石、篮球石、马鞍石、蜗牛石、寿桃石、牛鼻孔、海底世界等

6.2　稻城古冰帽遗迹景观

从地质、地貌等来看，"古冰帽遗迹景观"是整个自然保护区最具特色的部分，也是本文地质遗迹景观分析研究的重点。

6.2.1　稻城古冰帽遗迹景观的分区

海子山古冰帽区的冰川侵蚀地貌和冰川堆碛地貌的形态特征与组合清楚，据郑本兴等研究[49]将其分为冰帽边缘强烈堆积带、强烈侵蚀槽谷带、冰川中等侵蚀-堆积带和中央分水岭微弱侵蚀-堆积带四个带（图 6-1）。

（1）冰帽边缘强烈堆积带：冰帽边缘长达 2—5 km 的众多溢出冰川，把从冰帽区带来的大量冰碛物堆积在山麓带，有的终碛和侧碛的相对高度竟达 100 m 左右。

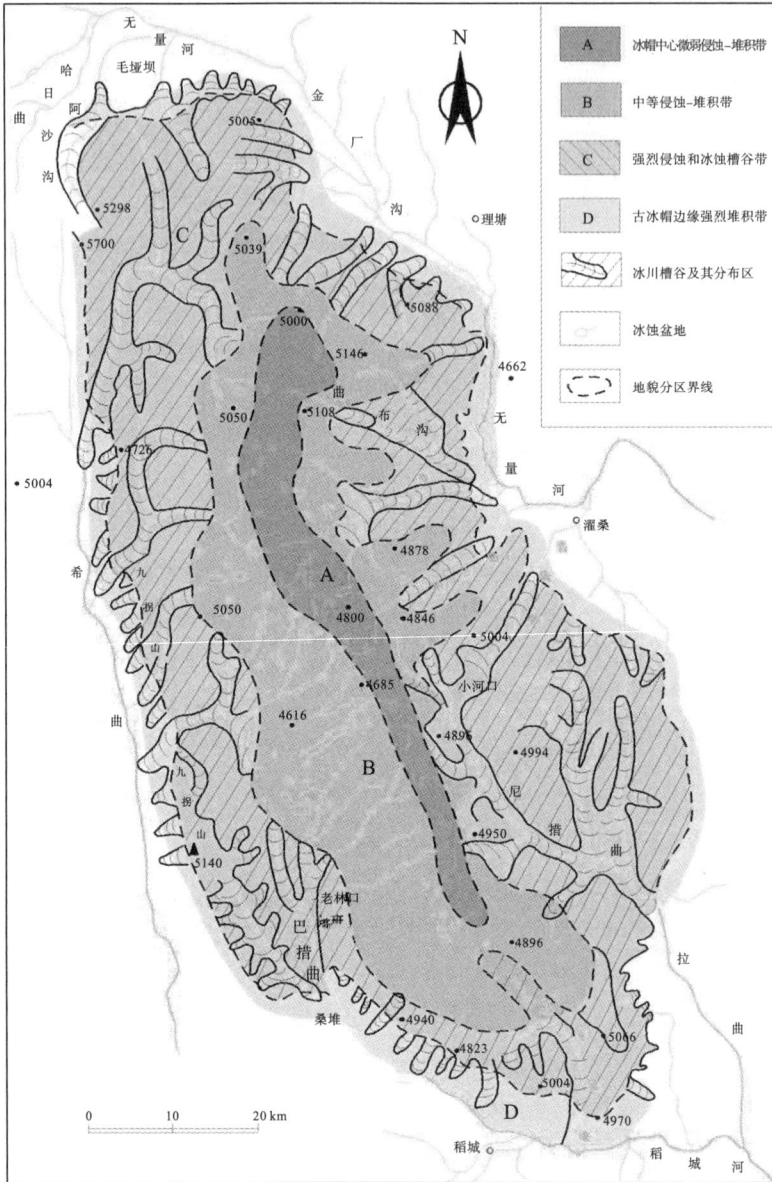

图 6-1　稻城古冰帽区冰帽地貌分区图（据郑本兴等，1995，修改）[49]

Figure 6-1　The Map of the Geomorphic Zones in the Daocheng Ice Cap Region

　　（2）强烈侵蚀槽谷带：由于夷平面四周在冰前期已发育有河谷，因此冰期时的冰帽冰流沿老的河谷拓宽加深，侵蚀成冰岛型槽谷或阿尔卑斯型槽谷，深度一般都在 400 m 以上，在巴隆曲中游，镶嵌在夷平面中 U 形谷，深达 600 m，在尼亚隆雄曲中下游，U 谷深 600—800 m。

　　（3）冰川中等侵蚀-堆积带：冰帽冰流从分水岭高地向下流动，流速逐渐加大, 冰下侵蚀作用随之加强, 于是形成大片的冰蚀岩盆、羊背石群和宽浅冰下槽谷, 而且在羊背岩的周围和盆地出口处停积了大片冰碛, 包括底碛和鼓丘, 沿公路见到的最大鲸背岩长度超过 2 km, 宽高均逾百米, 迎冰面坡度为 10°—15°, 背冰面坡度为 30°—40°, 本区的宽浅槽谷一般深 60—160 m, 宽 500—600 m。冰帽南部冬措一带为长十余公里、宽 2—3 km 的冰蚀岩盆和宽谷, 古冰帽最盛时该冰流向东南流入尼亚隆曲。冰川后退, 形成串珠状分布的内流湖盆群, 在其北面分布有低矮的终碛垄。

(4)中央分水岭微弱侵蚀-堆积带: 该带主要的侵蚀堆积地貌为平缓的冰蚀岩丘和底碛共存的高地, 在海子山道班附近的公路旁, 见有灰白色的冰碛覆盖褐红色的老冰碛之上, 最上层还发育有黑色古土壤层, 表明后期的冰下侵蚀微弱使前期古冰碛得以保存。

6.2.2　稻城古冰帽遗迹景观类型

稻城古冰帽, 由冰川侵蚀地貌与冰川堆积地貌构成, 类型齐全。

冰川侵蚀地貌主要有: 冰蚀残山、冰蚀鼓丘、鲸背石、羊背石、冰溜面、冰擦痕、冰臼, 冰斗, 冰窖, 冰川悬谷、冰川 U 谷、冰蚀湖泊等。

冰川堆积地貌主要有: 消融丘(冢、垄、堤)、侧碛堤(垄)、终碛堤(垄)、底碛、中碛、冰漂砾、冰碛台地、冰川锅穴、冰碛堰塞湖泊、锅穴湖等。

除冰川遗迹外, 另外还有峡谷地貌、花岗岩石林地貌、花岗岩节理构造、花岗岩体与围岩接触关系以及象形山石等。

6.2.3　冰川侵蚀地貌

冰川侵蚀地貌, 是指冰川在运动过程中, 对山体岩石进行摩擦、铲刮、刨蚀、侵蚀等作用所形成的地貌。

1. 冰流槽谷

槽谷的断面常呈"U"形, 故也叫冰川 U 谷, 是山岳冰川的主要类型, 山谷冰川沿槽谷自上而下运动。稻城海子山古冰帽遗迹区内存在三类冰川槽谷: ①阿尔卑斯型槽谷, 发育在边缘高山谷地中, 源头为古冰斗。兔儿山东坡的槽谷是最典型的阿尔卑斯型槽谷, 槽谷中分布有串珠状的冰蚀湖泊。②冰岛型槽谷, 源头为冰雪高地, 槽谷上游段宽浅, 中下游段则宽深, 两侧支沟与冰帽相连。尼增曲上游段槽谷宽 2 km, 深 100—200 m, 从冰帽中部向东南延伸长达 45 km; 巴隆曲槽谷长达 30 km。区内以冰岛型槽谷占绝对优势; ③贯穿型槽谷, 形成于冰雪补给区, 槽谷下伸。达登纳垭口附近, 槽谷宽 1 km, 长 2.5 km, 分别向东北流入普隆曲支谷和向东南流入尼增曲槽谷。在古冰帽区, 较大的冰岛型槽谷之间, 往往出现贯穿型槽谷。

(1)爬撞得 U 形谷：位于海子山道班北 1 km 处，海拔 4500—4600 m，沿 45°方向延伸，长 2 km，宽 600 m，北西侧地形坡度为 55°，南东侧地形坡度为 45°，谷底坡度为 12°—20°，冰漂砾星罗棋布。

(2)海子山道班 U 形谷：位于海子山道班北东东 1 km 处，海拔 4560—4640 m，呈近东西向延伸，长 2 km，宽 700 m，两侧坡度为 40°—52°，谷底坡度为 8°—14°，冰漂砾不均匀散布其中(附录 B-7)。

(3)拉麻多热 U 形谷：位于中部拉麻多热，海拔 4480—4680 m，呈北东向延伸，长 7.5 km，宽 350—650 m，两侧坡度为 35°—48°，谷底坡度为 5°—13°，发育呈串珠状分布的湖泊如 61 号、55 号、56 号、51 号，51 号为冰蚀湖及冰碛堰塞湖。

(4)当多麻拉 U 形谷：位于中部当多麻拉，海拔 4520—4600 m，呈北东向延伸，与拉麻多热 U 形谷平行排列，长 5.6 km，宽 250—650 m，两侧坡度为 40°—55°，谷底坡度为 5°—10°，发育呈串珠状分布的湖泊，如 57 号、58 号、59 号，为冰碛堰塞湖。

(5)措恩 U 形谷：位于中部措恩，海拔 4550—4700 m，呈北东向延伸，与拉麻多热、当多麻拉 U 形谷平行排列，长 2.8 km，宽 460 m，南东侧坡度较缓，为 25°—40°，北西侧坡度较陡，为 55°以上，谷底坡度变化大，为 5°—25°，发育冰碛堰塞湖。

2. 冰蚀残山、冰蚀鼓丘

见于海子山古冰帽遗迹区的周边，一般发育于 4700—5000 m 的高山山顶地带，呈缓和的残山、残丘、鼓丘。由于古冰帽冰川对山峰的刨蚀、削山填谷，使原来的山峰变成了缓和的残山、残丘、鼓丘，基岩(此区大部为花岗岩)裸露，岩石破裂，岩石表面常见能指示冰川运动方向的刻痕或擦痕，或形成鲸背石、羊背石景观。

3. 鲸背石、羊背石

由于冰川运动时，对其下的岩石强烈铲刮、刨蚀，又由于岩石抗铲刮、刨蚀的强度不同，软弱的被铲刮、刨蚀后被冰川带走，坚硬的如同"中流砥柱"，被铲刮后形成鲸背、羊背或鼓丘那样的景观，称为鲸背石、羊背石或鼓丘景观。海子山古冰帽遗迹区内，羊背石景观众多，其上多有冰擦痕。保存至今的羊背石可能经过多次冰期形成的冰川的磨蚀，每经过一期冰川的磨蚀，使其规模变得更小，并有新的新鲜面暴露。

(1)爬松措羊背石：位于爬松措西侧山梁上，海拔 4548 m，由多个羊背石组成羊背石群，总体沿 40°方向呈线状延伸，羊背石最长者有 4.1 m，宽 1.4 m，迎冰面为 18°，背冰面 42°，远观似群羊下山觅食，惟妙惟肖。

(2)夏如措 1 号羊背石：位于夏如措北东侧，海拔 4480 m，羊背石沿 45°方向延伸，长 50 m，宽 3 m，高 3—5 m，表面光滑，风化后呈浅褐、肉红色，迎冰面为 12°，背冰面 47°，远观极像一只剪了毛的绵羊在灌丛中吃草(附录 B-12)。

(3)夏如措 2 号羊背石：位于夏如措北西侧，海拔 4420 m，羊背石沿 120°方向延伸，长数米至上百米，高 5—8 m，宽 3—10 m，表面光滑，风化后呈浅褐、肉红色，迎冰面为 12°，背冰面 45°。

(4)兔儿山羊背石：位于兔儿山北侧的宽谷中，海拔 4279 m，经度为 100°18′E，纬度为 29°33′，据徐孝彬[104]研究形成于末次冰期。

鲸背石、羊背石，星罗棋布于冰蚀盆地和冰蚀槽谷之间的冰蚀山梁。冰蚀山梁景观叠加小的羊背石，在 100 公里道班的西面，在两个巨大的冰槽谷间的冰蚀丘陵上就能见到这种现象。鲸背石、羊背石十分普遍。

4. 冰臼群

"臼"，舂米的器具，多用石头做成。冰臼，乃是冰川作用形成。冰臼一词，由韩同林院士 1997 年首次提出。冰臼是指冰川融水携带冰碎屑、岩屑物质，沿冰川裂隙自上而下以滴水穿石的方式对下伏基岩进行强烈冲击和研磨作用形成，似我国古代用于舂米的石臼，是古冰川遗迹之一。在海子山古冰帽区内，冰臼较多，说明古冰帽当时的冰层很厚，能形成高压的自上而下的水流。

(1)打那冰臼群：位于海子山道班北东公路边，海拔 4631 m，在一块灰白色似斑状二长花岗岩冰漂砾中发育有三个冰臼，呈南北向延伸，平面形态呈不规则圆形或椭圆形，其规模分别为长 20 cm、宽 12 cm、深 3 cm；长 15 cm、宽 21 cm、深 3 cm；长 21 cm、宽 15 cm、深 3.5 cm。是冰臼发育早期的形态。

(2)夏如措冰臼：位于夏如措东侧，海拔 4502 m，冰臼发育于灰白色似斑状二长花岗岩冰漂砾中，见有大小三个，平面形态有的呈圆形、有的呈豆荚形，其规模分别为长 46 cm、宽 30 cm、深 8 cm；长 32 cm、宽 26 cm、深 7 cm；长宽 30 cm、深 4 cm(附录 B-6)。

5. 古冰斗

冰斗是山岳冰川的一种，冰斗形态呈圈椅状，三面陡峭，一面敞开，前有一陡坎。常与角峰、鳍脊相伴，见于其两侧。冰斗是堆积冰雪的地方，冰雪在自身重力作用下，形成冰斗冰川。古冰斗主要分布于海子山古冰帽边缘高山地带，如北部的帽合山，古冰斗底部海拔 4750 m，中东部兔儿山周围，冰斗底部高 4700 m 左右。

6.2.4 冰川堆积地貌

稻城海子山古冰帽，自第四纪早更新世以来，冰雪堆积厚度达 500 m 以上，其自身重力足以使它运动，从高处到低处，从中央向四周，削山填谷，形成了广布海子山古冰帽遗迹区的冰碛台地。中晚更新世的山岳冰川，再次洗礼了海子山，形成了众多的山岳冰川堆积，包括消融丘(冢、垄、堤)、侧碛堤(垄)、终碛堤(垄)、底碛、中碛、冰漂砾、冰碛台地、冰川锅穴、冰碛堰塞湖泊、锅穴湖等。

1. 终碛堤(垄、岗)

终碛堤，位于冰前即冰川最前缘，也称前碛堤。冰川运行至此即行融化，冰川内所携带的石块与泥沙于此处沉淀下来，日积月累，年复一年，堆积成堤状体，冰前的宽度就是堤体的长度。当堆积体的规模较小或形态不像堤体，常被称为终碛垄、终碛岗或其他名称。当气候波动，例如气候变暖，冰川退缩，在新的冰前位置形成又一终碛堤(垄、岗)。一个冰川 U 谷里呈现多道终碛堤是不足为奇的。

(1)海子山道班终碛垄群：往南 5—10 km，发育有多组终碛垄。在航、卫片上非常明显地表现为呈北西走向的 3—4 列紧相连的终碛垄。最南即第一组终碛垄分布于兴伊措南岸，冰碛垄向下游突出。第 2、3 组冰碛垄位于兴伊措北，由于冰碛垄的阻隔，北面也存在着另一个冰碛湖。这两个大湖之间的终碛垄至少有 4—5 列之多，向东分为两组，每组又由 1—3 列终碛垄组成。上述终碛垄分别位于海拔 4380—4450 m，4450—4500 m，是晚更新世冰期后退过程中的多次停顿所形成。

(2)天牛相留终碛垄：位于天牛相留北 1.5 km 的省道 217 线公路旁，海拔 4440 m，平面形态呈月牙形，呈 130°方向延伸，长约 500 m，宽 200 m，内侧高 20 m，外侧 6.5 m，内侧较缓，弧顶凸向南西侧。为冰川砾泥层，其中砾石含 42%，大小为 0.2—3 m，最大者近十米以上，一般为 1.2—3 m，成分为似斑状二长花岗岩，冰漂呈滚圆状，球状风化程度高，砂泥含量 58%，为灰黄色，胶结疏松。

(3)100 公里道班终碛垄：位于 100 公里道班南西 600 m 处，海拔 4380 m，平面形态呈新月形，西端呈近南北向，东端近东西向，弧顶向南西凸，长 700 m，高 30 m，顶宽 60—100 m，外侧坡度可达 50°，内侧为 10°—25°。终碛垄的物质成分为冰川泥砾层，其中砾石磨圆度为次圆—次棱角状，分选较好，大小为 0.20—3 m，最大达 8 m 以上，多为 0.8—2.5 m，成分为灰白色闪长花岗岩，含量为 48%—62%，砂质黏土含量为 48%—52%，胶结疏松，为褐黄色(附录B-9)。

2. 侧碛堤地貌遗迹

侧碛堤位于冰川谷的两侧，堆积成堤状，向下游方向常和冰舌前端的终碛堤相连，向上游方向可一直延伸到雪线附近，由侧碛和表碛在冰川退缩以后共同堆积而成。冰川谷两侧侧碛堤能指示当时冰川的宽度。

海子山古冰帽遗迹区内，冰川侧碛堤十分发育，形态完整，平行排列，断续分布，一般宽为 35—300 m，高 30—70 m，长 1—30 km，由冰碛砾石组成，砾石成分为花岗岩。例如，海子山道班至 100 公里道班 10 km 范围内，可见 8 条侧碛垄岗，最大一条呈北西—南东向延伸，可达 30 km。海拔在 4400—4500 m，由花岗岩漂砾堆积而成。

(1)天牛相留侧碛堤：位于天牛相留西侧公路旁，沿 70°方向延伸，长 4 km，地表坡度为 12°—25°，冰碛物为冰川砾泥层，砾石球度好，含量 48%，大小为 0.2—5 m，最大达 10 m 以上，风化程度不高，冰漂砾成群成堆出露，雄伟壮观。砂泥含量为 52%，胶结疏松，为黄褐色。

(2)夏如措侧碛堤：沿 40°方向延伸，长 3 km，高出周围 40—60 m，冰碛物为冰碛砾泥层，其中砾石含量 38%，大小为 0.2~3 m，最大达 7 m 以上。成分为中粗粒二长花岗岩，砾石表面见有黑藻，褐藻，漂砾中见有冰臼、冰川擦痕，冰臼大小为长 30—86 cm，宽 26—30 cm，深 4—8 cm。砂泥质含量 62%，为褐黄色，胶结较差。地表冰漂砾星罗分布，形态各异，在羊背石中见有砂板岩捕虏体(附录 B-8)。

(3)100 公里道班侧碛堤：位于从前措东侧，与达久措侧碛堤平行，沿 35°方向延伸，长 4 km，地表坡度为 25°以上，物质组分为冰川泥砾层，其中砾石含量约 48%，球度好，分选好。成分为灰白色二长花岗岩，大小为 0.2—3 m，最大者达 10 m 以上，多为 0.8—2 m，砂黏土含量约 52%，胶结疏松，为黄褐色。

3. 冰漂砾

冰漂砾是由冰川搬运的巨大冰碛砾石。它的粒径可达数米甚至数十米，其搬运远近与冰川规模大小有关。巨大的冰川漂砾是这里最耀眼的景观。冰川漂砾几乎全为花岗石石块，数以亿计铺满了整个夷平面，形成漂砾组成的海洋，累累巨石，形体各异，有桌子石、蘑菇石、风动石(附录 B-10)、企鹅石、乌龟石、球石、马鞍石、蜗牛石、寿桃石、牛鼻孔石等，似人如兽，俨然是一个天然石雕公园。

(1)乐舒桥石海：位于乐舒桥南侧，沿巴隆曲谷底分布，海拔 4100—4260 m，长 2 km，宽 100—300 m。全由花岗岩块组成，粒径大小多在 1—4 m，最大可达 10 m 以上，形态各异，惟妙惟肖。

②100 公里道班石海：位于 100 公里道班北西侧，海拔 4380—4480 m，沿 40°方向(稻理公路北西侧)延伸，长 2.5 km，宽 400—600 m。全由花岗岩冰漂砾组成，其大小为 0.8—6.2 m，最大可达 10 m 以上，似一个个圆球堆放在一起，蔚为壮观。

4. 冰川堰塞湖

1)兴伊措——章纳措湖泊群

兴伊措(图 6-2):兴伊措藏语意为献湖(附录 B-11),位于海子山道班西侧 6 km 的海子坪,由三湖(图 3-6,命名为 1、2、3 号湖)连接成三角形,总体呈北东 45°方向展布,海拔为 4453 m、4428 m、4422 m,是区内面积最大的湖泊群,在其四周尚呈环状分布有二十余个规模较小的湖泊。1 号湖泊长 1288 m,宽 1044 m,面积 837726 m^2;2 号湖泊平面形态呈水母形,长 2837 m,宽 1719 m,面积 2639474 m^2,湖心发育一丁字形小岛;3 号湖泊的平面形态呈海星形,长 2703 m,宽 2458 m,面积 3086248 m^2,湖心发育月亮岛、鹅蛋岛二个岛屿。兴伊措水位稳定,一般水深 3 m,最深达十余米。兴伊措目前已对游客开放。

幸开措(图 6-2):位于兴伊措以北 5 km,海拔 4470 m,平面形态呈秤钩形,沿北东向延伸,长 2581 m,宽 200—479 m,面积 816532 m^2,湖心发育一小岛。该湖位于北东向冰川侧碛堤之间,属典型冰碛堰塞湖.

章纳措(图 6-2):位于幸开措之东 3 km,海拔 4518 m,平面形态似一只憨态可掬的大熊猫,呈北东东向延伸,长 1089 m,宽 352—485 m,面积 419103 m^2。该湖位于北东向冰川侧碛堤之间,属典型冰碛堰塞湖,湖水碧绿。

从前措(图 6-2):位于兴伊措以南 2 km,海拔 4390 m,平面形态呈浑圆方形,长轴北东向,长 896 m,宽 786 m,面积 578782 m^2。该湖位于北东向冰川侧碛堤之间,湖堤沿 140°方向延伸,长 640 m,宽 120 m,高 3—8 m,属典型冰碛堰塞湖。

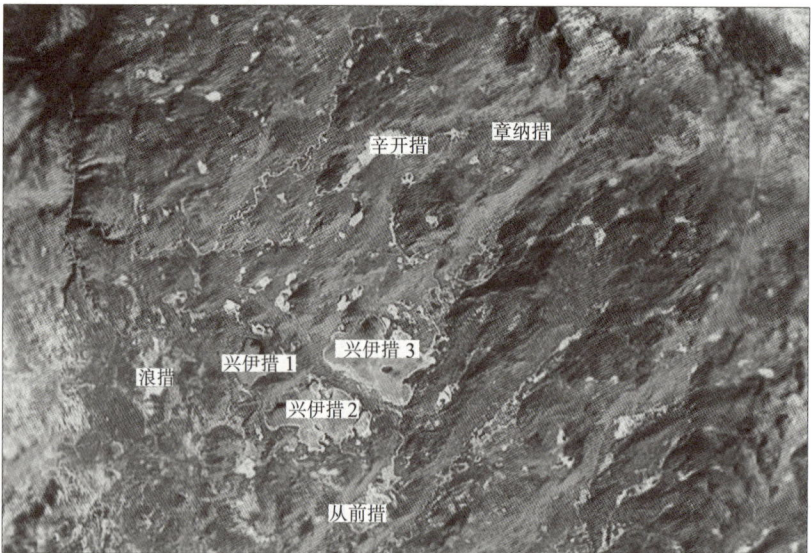

图 6-2　兴伊措—章纳措一带卫星影像特征图

Figure 6-2　Satellite Image Feature Map of Xingyi Lake and Zhangna Lake

2)冬措—希措湖泊群

希措(图 6-3):位于桑堆北北东 10 km 左右,海拔 4590 m,平面形态呈囊状(钝三角形),沿北东向延伸,长 1956 m,宽 238—858 m,面积 1214895 m²。湖堤沿 150°方向呈弧形延伸,长 1200 m,宽 200 m,高 3—10 m,湖泊水位稳定,水深 2—12 m。

冬措(图 6-3):位于桑堆镇北东东约 15 km,海拔 4490 m,平面形态呈浑圆四边形,沿东西向延伸,长 2142 m,宽 407—786 m,面积 1922718 m²。湖堤沿 45°方向呈弧形延伸,长 1282 m,宽 240 m,高 4—10 m,湖泊水位稳定,水深一般 3 m,最深可达数十米。

银措(图 6-3):位于桑堆镇北东东约 15 km,东与冬措仅相隔数十米,海拔 4495 m,平面形态呈枰钩形。沿北东向延伸,长 2842 m,宽 857—1193 m,面积 1607151 m²。湖泊水位稳定,水深一般 2m,最深可达数十米。

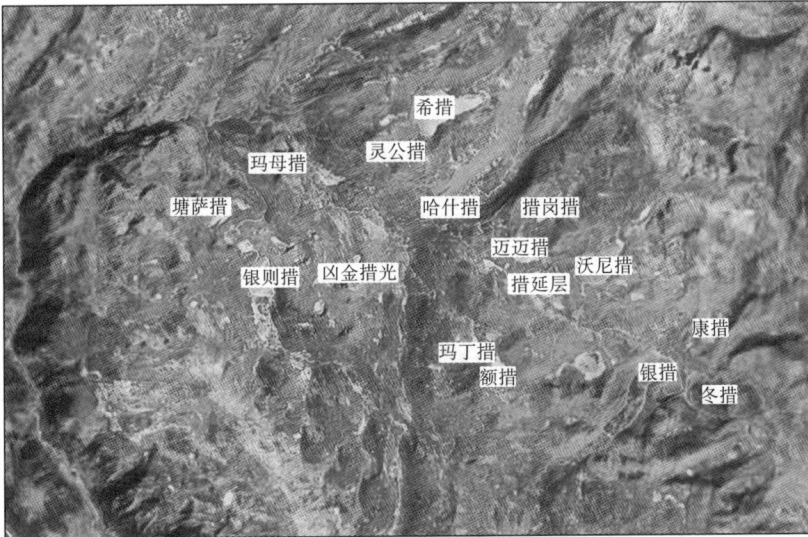

图 6-3　冬措—希措一带卫星影像图

Figure 6-3　Satellite Image Feature Map of Xingyi Lake and Zhangna Lake

6.2.5　与同类景观的比较

古冰帽遗迹在国内主要分布于青藏高原中、东部,主要有唐古拉山、阿尼玛卿山、年保玉则和海子山(表 6-2)。

(1)唐古拉山古冰帽。位于青藏高原中部的唐古拉山,最高峰 6621 m,现代冰川面积 2082 km²,现代雪线高度为 5400~5770 m。唐古拉山古冰帽遗迹区没有早更新世冰川遗迹,早更新世末的强烈构造运动使唐古拉山的高度到达 3000 m 以上,中更新世初期气候变冷发生大规模的称为唐古拉冰期的冰帽或山麓冰川，该期冰碛广泛分布于山岭两侧 5200～5400 m 高度的准夷平面上，高出现代谷地 200～300 m。最大冰期的冰川范围为 24500 km² 左右[109]。据施雅风[110]等推算其平衡线的现代高程北坡为 5200 m，南坡为 5350 m，平均为 5250 m，此高度现代 6～8 月温度为 3.3℃。

表6-2　海子山古冰帽与同类遗迹景观的比较

Table 6-2　Comparison of the Haizishan Ice Cap and the Similar Relic Sight

项目 \ 古冰帽名称	海子山	唐古拉山	阿尼玛卿山	年保玉则
古冰帽面积(km²)	6965	24500	6469	1903
位置	青藏高原东部	青藏高原中部	青藏高原东北部黄河上游	青藏高原东部
地貌景观组合	湖泊、冰漂砾、冰斗、U谷、冰臼、羊背石、擦痕、侧碛堤、终碛堤	冰漂砾、冰斗、U谷、冰臼、羊背石、擦痕、侧碛堤、终碛堤、擦痕	冰漂砾、冰斗、U谷、冰臼、羊背石、擦痕、侧碛堤、终碛堤、擦痕	冰漂砾、冰斗、U谷、冰臼、羊背石、擦痕、侧碛堤、终碛堤、擦痕
冰蚀岩盆或湖泊个数	1145	少量	少量	少量
冰川期次划分	更新世三期及全新世	更新世三期	更新世三期	更新世三期
古冰帽形成时间	更新世发生三次冰川作用，均形成冰帽，其中倒数第三次冰期的冰帽规模最大，全新世亦发育冰盖	中更新世初期	倒数第三次冰期	倒数第三次冰期
现代冰川发育状况	无现代冰川	发育现代冰川	发育现代冰川	发育现代冰川

(2)阿尼玛卿山古冰帽。位于青藏高原东北部黄河上游的北侧，最高峰海拔 6282 m，现代冰川面积 138 km²，平均雪线高度东北坡为 4926 m，西南坡 5230 m[111]。阿尼玛卿山有 3 期清楚的古冰川遗迹，末次冰期与倒数第二冰期均为较大的山谷冰川，倒数第三次冰期冰碛在阿尼玛卿西南坡昌马河谷最为清晰，大片冰碛和漂砾，由花岗岩、砂岩、页岩、火山岩等组成，见有清楚的擦痕，覆盖在三叠纪黄色砂岩山坡上，距阿尼玛卿山脊已 30 多公里，但冰流仅止于昌马河谷而未进到黄河干流谷地，推测倒数第三次冰期时阿尼玛卿山为一巨大冰帽[112]。据施雅风[110]等量算冰帽面积可达 6469 km²，为现代冰川的 47 倍，由 3 个冰雪高地发育的冰流汇合而成，根据现代冰帽积累区与消融区的面积比例，进而推断出古冰帽平衡线的现代高程为 4700～4800 m，平均为 4750 m，现代 6～8 月平均气候为 2.7℃左右。

(3)年保玉则古冰帽。位于阿尼玛卿山东南 240 km，发育有现代冰川 5 条，面积 5 km²，现代平衡线高 5100 m。年保玉则保存有更新世三期冰川遗迹，倒数第三次冰期遗迹在年保玉则山北坡希门措西岸为高冰碛台地，海拔 4400 m 左右，高出倒数第二次冰期形成的阶地 100 m（或高出希门措谷地 400 m），冰碛石由花岗岩和砂岩组成，多数花岗岩受强烈风化，类似情况出现于北坡多处山口，在西面海拔 4223 m 处有古冰川阻塞形成的小湖[113]。从古冰碛的分布特点，可恢复当时冰帽的规模，宽达 16 km，面积 1903 km²，为现代冰川的 380 倍，当时平衡线的现代高程位于 4200（北坡）～4300 m（南坡），平均为 4250 m，现代 6～8 月平均气温为 6.1℃[110]。

（4）海子山古冰帽。位于青藏高原东南部横断山脉沙鲁里山丘高原上稻城与理塘两地，覆盖于海子山的山顶夷平面上，没有现代冰川，平衡线高度 5400 m。根据研究，海子山在更新世发生过三次冰川作用，均形成冰帽，三次冰川作用中最老的一次即倒数第三次冰期的冰帽规模最大，其时冰体完全覆盖了从冰帽中心到边缘的下伏地形，冰流从中心穹隆状积累区流向边缘谷地时不受下伏地形影响，没有明显的溢出冰川现象，而呈漫流型，这次冰期后，经历了长期的温暖湿润期，冰碛强烈风化，甚至达到高岭土化的程度，如冰帽南侧稻城县北 7 km 龙古村央英措沟的冰碛垄外面倒数第三次冰期的冰碛台地呈红色，岩必班车花岗岩和砂岩，花岗岩漂砾已经高岭土化，黏土矿物以高岭土、伊利石、埃洛石为主)，此期古冰帽面积 6965 km²，平衡线的现代高程在 4600 m 左右，现代 6～8 月平均气温在 6.6℃[110]。

与上述同类古冰帽遗迹相比，稻城海子山古冰帽地质遗迹位于中国青藏高原最东缘，是青藏高原东缘规模最大的古冰帽遗迹，在中国乃至亚洲极为少见。

6.3　其他地质遗迹景观

在海子山自然保护区内，除丰富的古冰川遗迹外，尚有花岗岩的节理构造、花岗岩石林地貌、峡谷地貌等遗迹等，也极具观赏性。

（1）乐舒桥节理构造，位于乐舒桥公路内侧陡壁，属冬措花岗岩体，岩性为灰白色中粒二长花岗岩，岩体内发育多组节理，风化后呈阶梯状陡坎，其中一组近于直立，倾向 277°、倾角 75°；一组近于水平，倾向 185°、倾角 17°；一组倾向 80°、倾角 45°，一组倾向 277°、倾角 75°，将岩石切割呈棱块状（附录 B-2）。

（2）老林口节理，位于木楠哈沟口北侧陡壁，属冬措花岗岩体，岩性为灰白色中粒二长花岗岩，岩体节理风化后呈阶梯状陡坎。计有三组，倾向 20°、倾角 58°，倾向 240°、倾角 84°，倾向 230°、倾角 80°，将岩石切割呈棱块状。

（3）木楠哈石林：沿木楠哈沟两侧谷坡绵延分布，长 4—5 km，宽 1—2 km，高 0.5—1.5 m，石林多呈柱状，少量块柱状。石林的成因，是花岗岩在反复的冻融作用下，沿垂直节理和水平节理风化而成。石林分布区的森林植被较茂密，形成高原地区少见的"林中林"景观，是一处难得的佳景（附录 B-3）。

（4）木楠哈峡谷：位于木楠哈中下游地段，总体呈北东向延伸，长约 5 km，谷底最窄处仅 10—20 m，中上部宽 100—600 m，形成典型的 U 谷中套 V 形谷即"谷中谷"地貌。谷底溪流清澈，沿岸森林植被茂盛，两侧谷坡石林丛生，自然环境优美，适合开展生态旅游和探险科考旅游（附录 B-4）。

6.4 海子山自然保护区地质遗迹景观的评价

6.4.1 定量评价

1. 评价因子与评价方法

地质遗迹景观按美学价值、科学历史价值、开发条件三类分层评价。采用项目评价层进行景观价值定量评价，总分 100 分，评价标准见表 6-3。

2. 评价分级

（1）五级景观：100—89 分。具有珍贵、独特、世界遗产价值和意义，具有世界奇迹般的吸引力；

（2）四级景观：88—77 分。具有名贵、罕见、国家重点保护价值和国家代表性作用，在国内外著名和有国际吸引力；

（3）三级景观：76—69 分。具有重要、特殊、省级保护价值和地方代表作用，在省内外闻名和具有省际吸引力；

（4）二级景观：68—60 分。应具有一定价值和游线辅助作用，有市县级保护价值和相关地区的吸引力；

（5）一级景观：小于 60 分。应具有一般价值和构景作用，有本风景区或当地的吸引力。

表 6-3 地质遗迹景观评价指标层次和标准一览表

Table 6-3 Geological Relic Sight Quantity Value Factores and Standard

项目评价层	分值	因子评价层	分值
美学价值	40	独特	40—32
		罕见	32—28
		特殊	27—22
		一般	21 以下
科学历史价值	45	珍贵	45—39
		珍稀	38—31
		特殊	30—19
		一般	18 以下

续表

项目评价层	分值	因子评价层	分值
		优	15—12
开发条件	15	良	11—9
		一般	8—5
		差	4以下

3. 评价结果

海子山自然保护区30个典型地质遗迹景观单体中，五级景观2个：格聂雪山和石海；四级景观4个：虎皮坝湿地、兴伊措、木楠哈峡谷、格聂山大峡谷。

表6-4　海子山自然保护区地质遗迹景观定量评价结果表

Table 6-4　Geological Relic Sight Quantity Value Result of Haizi Shan Natural Reserve

地质遗迹景观	美学价值				科学历史价值				开发条件				景观评分	景观分级
	独特	罕见	特殊	一定	珍贵	珍稀	特殊	一定	优	良	一般	差		
格聂雪山	38				43					9			90	五级
100公里道班石海	36				42				12				90	五级
虎皮坝湿地	34				39					9			82	四级
兴伊措		32			39				12				83	四级
木楠哈峡谷		32				36			12				80	四级
格聂山大峡谷		32				36				9			77	四级
乐舒桥石海		32				35				9			76	三级
铁匠山		32				35			11				78	三级
木楠哈石林			30			34			12				76	三级
兔儿山			30			33			12				75	三级
海子山道班终碛垄群		32				34			11				77	三级
热日卡温泉群	28						26			9			63	二级
海子山道班U形谷		26					30			10			66	二级
老林口石林		26				39				10			75	二级
天牛相留终碛垄	28						30			10			68	二级
夏如措羊背石	33						24			9			66	二级
爬撞得U形谷	30						26					6	62	二级
爬松措羊背石		28					25			9			62	二级
肖扎神山	26					34						6	66	二级
乃干那托草原			21				20			9			50	一级
喀麦隆山	28						22					6	56	一级

续表

地质遗迹景观	美学价值				科学历史价值				开发条件				景观评分	景观分级
	独特	罕见	特殊	一定	珍贵	珍稀	特殊	一定	优	良	一般	差		
格聂河谷			24		20				10				54	一级
冬措		26			22					6			54	一级
查冲西沟		27			22					6			55	一级
希措		25			22					6			53	一级
仲拿沟		27					18			6			51	一级
仲噶沟		27					18			6			51	一级
花海		24					18		9				51	一级
冷达草原			21				18		10				49	一级
乐舒桥节理构造			22		20					6			48	一级

6.4.2 定性评价

1. 具有国际意义的地学研究价值

稻城古冰帽地质遗迹是青藏高原东缘规模最大的古冰帽遗迹，在中国乃至亚洲极为少见。从早更新世以来，区内经历了三次大的冰川作用，在每次冰川作用过程中均较完整地保留了相应的活动记录和证据，各种冰川运动现象齐全，是第四纪冰川遗迹的天然博物馆，以海子山命名的海子山冰期在整个沙鲁里山都具有对比价值，在国内国际地学界和古冰川学术界均有很高的知名度，是研究青藏高原东南缘冰川演化的最佳区域之一。

2. 地质遗迹景观观赏价值高

海子山自然保护区内地质遗迹景观特性强，品位高。海子山有"世界罕见的古冰帽"之美誉，有"亿石千湖"、"月球表面风光"之美称。海子山古冰帽区内有大小湖泊1145个，其高原湖泊群数量是青藏高原密度最大的地区之一；冰川终碛垄、侧碛堤鳞次栉比；花岗岩构成的冰漂砾琳琅满目；浩浩荡荡的格聂雪峰群等地质遗迹景观具有极高的美学价值、观赏价值。海子山自然保护区内除了地质遗迹景观外，还有草甸、森林、湿地等生态景观、藏民族风情和藏传佛教文化景观，配套旅游资源丰富。因而，海子山自然保护区是一处国际地质旅游观光佳地。

3. 开发条件受到一定限制

虽然海子山自然保护区的交通条件在逐步改善，但是其地处高海拔地区，自然生态环境较为脆弱，原生性强，旅游开发稍有不慎，就会对资源造成破坏，地质遗迹景观的保护难度较大。

第7章　海子山自然保护区保护性开发实例研究

7.1　保护系统工程

保护是自然保护区建立的主要目的与出发点。因此，保护系统工程是自然保护区保护性开发整合模式中三大系统 12 项工程中的首要任务。本文根据海子山自然保护区的资源特点和环境状态，主要从生物保护工程、地质遗迹保护工程、人文生态保护工程和环境检测工程四方面加以阐述。

7.1.1　生物多样性保护工程

1. 海子山自然保护区生物多样性的特点

(1)物种资源丰富。海子山自然保护区物种资源丰富。保护区珍稀保护动物比例非常高，已知有脊椎动物 296 种，属国家 I 级重点保护的野生动物有白唇鹿、林麝、马麝、黑颈鹤等 13 种；国家 II 级重点保护动物兽类有 20 种；鸟类有 22 种；海子山自然保护区分布的两栖类有 2 目 4 科 6 属 8 种；爬行类有 1 目 4 科 6 属 6 种；保护区已知种子植物有 101 科、456 属、1418 种，其中裸子植物 3 科、8 属、28 种；被子植物 98 科、448 属、1390 种。另外，保护区内还分布有 341 种大型真菌。

(2)物种的独特性和稀有性。海子山自然保护区的两栖类和爬行类中我国特有种有 12 种，特别是温泉蛇。海子山自然保护区是在继西藏羊八井、江孜、墨竹工卡、工布江达 4 个地方的温泉区域发现温泉蛇近 100 年后发现的第二个分布点。

(3)生态系统的多样性。海子山自然保护区内有河流、湖泊、高山草甸、高寒湿地、森林等众多生态类型。其中，高寒湿地生态系统是我国青藏高原保存较完好的湿地生态系统；独特的灌丛木本沼泽是青藏高原低纬度、高海拔地带所罕见的。

2. 威胁海子山自然保护区生物多样性的因素

威胁海子山自然保护区生物多样性的因素主要是人类影响。海子山自然保护区内无固定居民，人类活动影响主要是周边居民在区内对药用植物和菌类的无序采集；每年 5—9 月的以游牧为主的放牧；沿着 217 省道进入保护区的无人组织与管理旅游者的旅游活动(图 7-1)。

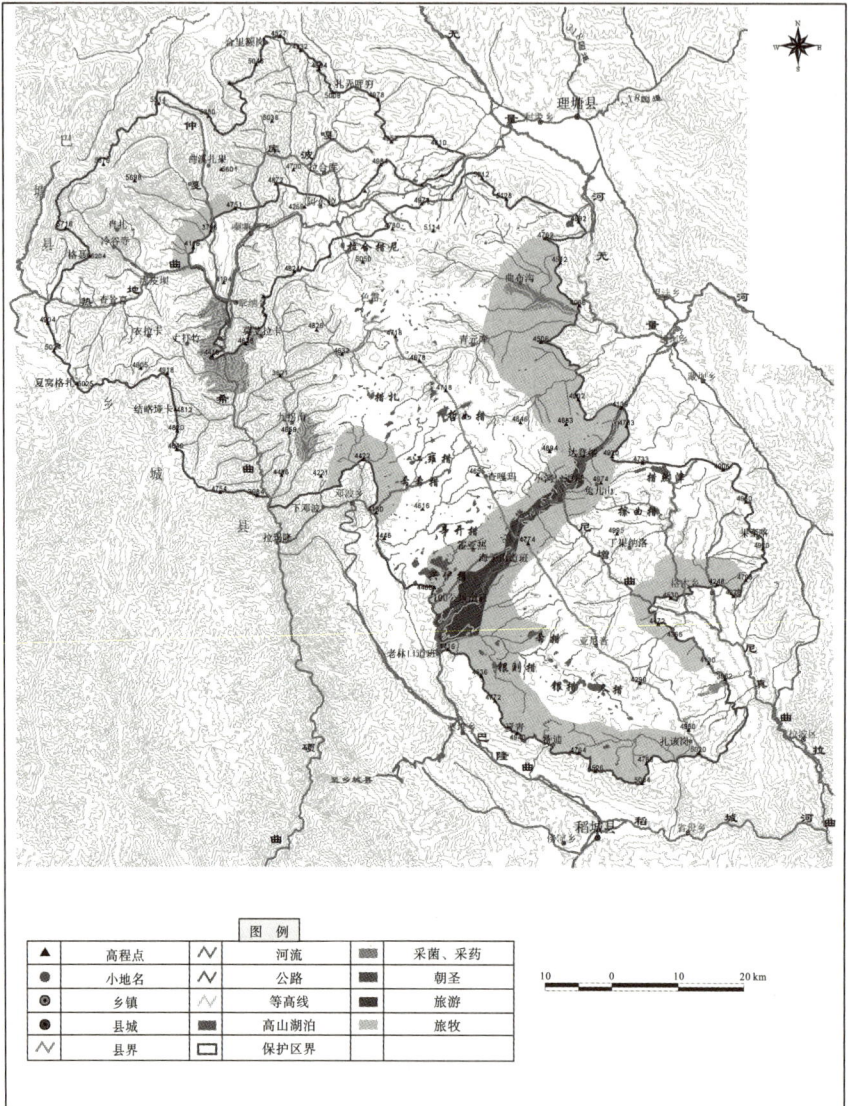

图 7-1　海子山自然保护区人类干扰示意图

Figure 7-1　Schematic Diagram of Human Disturbance in Haizi Shan National Natural Reserve

　　随着海子山自然保护区保护性开发的进行，生态旅游的开展，越来越多的游客必将成为影响海子山自然保护区生物多样性的制约因素。

3. 保护生物多样性的主要措施

　　1)以生物多样性为基础对保护区进行生态环境功能区划

　　根据完整性原则、自然性原则、特殊性原则和可操作性原则，将海子山自然保护区划分为核心区、缓冲区和实验区(图 7-2)。

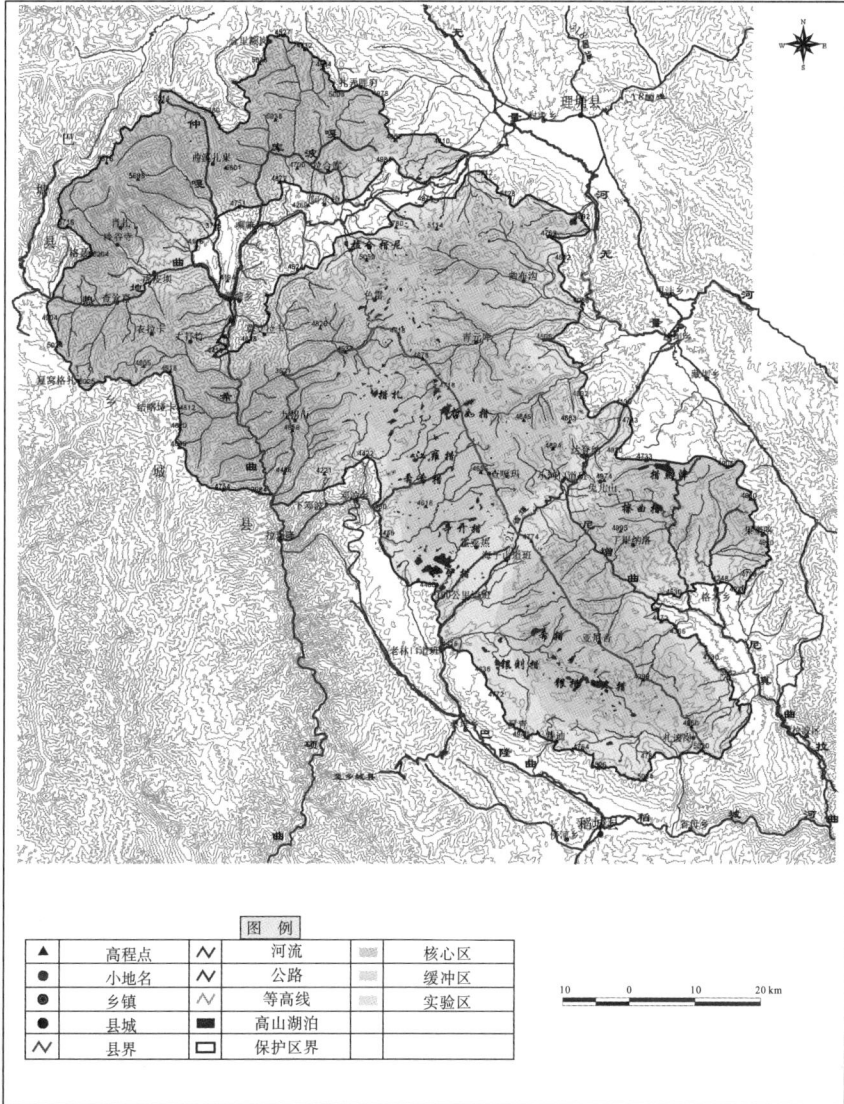

图 7-2　海子山自然保护区功能区划图

Figure 7-2　Functional Zoning Map of Haizi Shan National Natural Reserve

　　核心区的区划是在充分考虑保护区主要保护对象高寒湿地的分布和林麝、马麝的生存繁衍空间及所依赖的生态系统的完整性基础上，同时考虑了保护区的实际情况和保护区未来发展的需要，结合保护区内 217 省道的走向将核心区分为南北两块。保护区核心区总面积 266233 hm²，占保护区总面积的 57.98%。核心区是保护区面积最大，生物资源最丰富的区域。

　　缓冲区位于核心区外围，主要是保护区面向社区的区域，以及 217 省道实验区外围。缓冲区内高寒湿地和原始自然生态保存也非常完好，保护区的主要保护物种林麝、马麝等珍稀濒危动物在缓冲区内也同样受到严格保护。

实验区为核心区和缓冲区外围区域。实验区内高寒湿地和原始自然生态也保存较好。因靠近社区居民的生产生活场所和交通要道，人为活动相对较频繁，对生物多样性影响较大。

2）减少人为活动的影响

《自然保护区条例》(1994)第十八条规定，核心区禁止任何单位和个人进入，除经批准外，也不允许进入从事科学研究活动；缓冲区，只准进入从事科学研究观测活动；实验区，可以进入从事科学试验、教学实习、参观考察、旅游以及驯化、繁殖珍稀、濒危野生动植物等活动。

因此，海子山自然保护区在进行保护性旅游开发中应该严格按照上述规定进行，坚持"核心区管死、缓冲区管严、实验区搞活"的原则，在对保护对象不造成危害的前提下，只能在实验区内或保护区外围地带发展生态旅游项目。

3）外来物种的预防和控制

保护区的主要植被类型有川滇高山栎树、杨树、冷杉、云杉等主要树种组成的原始森林，高寒湿地—草甸—灌丛植被，典型的高山流石滩植被。在对区内原生动植物种群进行保护的同时，还要预防和控制外来物种的入侵，特别是随着保护区内及周边地区旅游资源的开发，外来游人增多，加上过境公路，人员和车辆与外界交流频繁，更易造成外来物种的入侵。保护区在日常管理中应加强对外来物种入侵的预防和控制，以免危害保护区的生物多样性和遗传多样性。在生态旅游发展中建设使用的木材、绿化使用树种或草种均禁止使用非本地材料。

7.1.2 地质遗迹保护工程

如前所述，海子山国家级自然保护区的地质遗迹景观规模宏大、资源丰富、形象突出、结构完整。但长期以来，由于人们认识所限，未将地质遗迹作为宝贵资源加以保护，在当地政府所做的相应规划中，也多是针对珍稀动植物资源和生态环境进行的，而对区内珍贵的地质遗迹景观资源涉及很少或基本未涉及。因此，有必要从更全面、系统的角度出发，针对不同的地质遗迹景观分别制定相应的保护策略和措施。

1. 地质遗迹保护现状

人类活动对海子山自然保护区内的地质遗迹的影响主要集中在人可到达的区域，比如，理塘——章纳的公路沿线；理塘——稻城 217 省道的公路沿线；希措及从前措等地，其他大部分地区无人为因素干扰，景观原生性强。

由于海子山自然保护区地处边远，人迹罕至，古冰川遗迹景观至今保存完好。区内仅有 217 省道穿越，局部切穿了终碛垄和侧碛堤，但影响不大。但目前区内还没有任何针对古冰帽遗迹景观的保护措施。

2. 地质遗迹保护措施

(1)加强核心地质遗迹景观的成景作用过程和影响因素研究。对海子山古冰帽地质遗迹区进行大比例地质调查工作,查明区内湖泊的空间展布、数量、成因、形态、水质、水位动态变化等特征;终碛垄、侧碛垄、石海等的分布、地貌形态、展布方向、物质组分等,对湖泊、终碛垄、侧碛堤统一编号和命名,以后任何单位、个人或经营开发者均应使用上述统一编号和命名,只有这样才能监测其动态变化特征,才具有纵向的对比研究意义。

(2)尽快启动海子山地质公园的申报建立工作。地质公园的建立一方面能统筹安排、合理开发利用区内的地质景观,另一方面能促进地质遗迹景观的保护。地质公园的建立是保护地质遗迹景观的一种行之有效的途径。

(3)尽快成立海子山地质遗迹保护领导小组。地质遗迹景观对当地居民来说是一种陌生的东西。因此,有必要成立地质遗迹保护领导小组来进行地质遗迹的科普宣传与教育工作,要让当地百姓了解地质遗迹、地质遗迹景观是怎么回事,为什么要对其实施保护。加强对地方职能管理部门工作人员地质科普知识的培训与教育,使他们首先要了解地质遗迹的珍贵性和重要性,在此基础上进行地质科普知识的宣传。

(4)严格控制,分区开发。海子山地质遗迹景观目前尚处于放任自流阶段。因此,海子山地质遗迹景观的保护与开发,应在查明古冰帽冰川遗迹的基础上,合理规划、统筹安排,选择部分典型的冰碛湖、终碛垄、侧碛垄、羊背石、冰川擦痕、石海等进行保护性开发。生态旅游的开发区域,严格按照海子山自然保护区的区划,在保护区实验区内进行。

(5)逐步建立与完善地质遗迹监测系统。在条件成熟时可建立生态地质环境监测系统。在此基础上,提出科学、合理、易操作的地质遗迹景观保护方法或景观修复保育技术。

7.1.3　人文生态保护工程

1. 人文生态环境概况

海子山自然保护区周边社区内居民多为藏族,民居以藏式雕楼为主,民风淳朴,特别是乃干多藏寨目前保存着朴实的藏寨风貌。总而言之,社区的人文生态目前保存了较好的原生态性。保护区内浓厚的民俗与宗教文化不仅保持其原生性,而且与自然生态友善融合,构成天人合一的理想状态。

随着海子山自然保护区保护性开发的深入开展,外来旅游者带来的新的文化、新的生活习惯、新的思维方式,对本地文化逐步"侵蚀",这样有可能使当地居民积淀多年的历史、文化、风俗习惯渐渐消失，最感人的天人合一胜景也可能不复存在。因此，海子山自然保护区的保护性开发，在对生物资源、生态环境和地质遗迹等进行保护的同时，应该加强对民族文化的保护；既要保护"硬件"旅游资源，也要保护"软件"旅游资源。

2. 措施

贯彻执行党中央提出的以人为本，全面、协调、可持续的科学发展观，根据文化部、国家民委《关于进一步加强少数民族文化工作的意见》（2000 年），提出以下人文生态环境保护对策。

(1)提高管理者对人文生态保护的意识。在自然保护区的建设与管理中，传统的做法往往把重点放在生物资源和生态环境中，而忽视了文化因素。因此，在自然保护区保护性旅游开发的过程中，民族文化作为生态旅游开发一道亮丽的风景线，自然保护区管理者应该改变观念，认识到民族文化的重要性，加强对人文生态环境的保护。

(2)提高社区居民对传统文化的自我保护意识。结合环境教育，提高社区居民保护民族文化的意识，使他们认识到本民族的文化是本民族存在和发展的基础。在自然保护区生态旅游开发过程中，鼓励社区参与，尊重当地居民的意见，增强民族自信心和自豪感。

(3)挖掘人文生态资源。县文化部门应组织对当地的民族文化，特别是对格聂神山、格萨尔王、纳西族遗迹等进行普查、收集、整理和研究，保护研究成果，提倡资源共享，开展民族文化交流。

(4)人文景观资源保护。保存藏式民居建筑风格，禁止在旅游区出现有违本地风格的建筑，特别是水泥墙、白瓷砖。加强喇嘛垭乡和章纳乡的环境整治，改造碎石路面街道，改善环境卫生。加强冷古寺寺庙建筑和文物保护，积极申报国家级文物保护单位。加强冷古寺的生态环境建设，加强绿化，改善卫生条件。申报乃干村为"民族文化村寨博物馆"，创立旅游品牌。

7.1.4　环境监测工程

1. 概述

生态旅游是科技含量很高的产业，应该依靠科学技术建立起完善的环境监测系统。我国开展生态旅游的保护区普遍缺乏有效的环境监测，监测手段落后，监测覆盖率不够，对环境质量的监测尤为缺乏。据统计，仅有 16% 定期进行环境监测，有的保护区连一台必需的测量仪器也没有，根据科学监测对游客数量进行控制的保护区仅占 20%[114,115]。海子山自然保护区不是一般的旅游景区，而是国家级自然保护区。生态旅游是其保护性开发的重要途径，但开发不能以生态环境的破坏为代价，这就需要加强海子山自然保护区的生态环境监测，强化其环境管理，降低旅游活动对环境影响。

2. 措施

环境检测工程主要包括两方面内容：一方面是在宏观上，各级环保部门应该提高对环境监测重要性和必要性的认识，加强技术力量，定期监测，加大监管力度，尽快建立起全国统一的环境监测系统；另一方面是在微观上，加强自然保护区内部环境监测体系。海子山自然保护区的环境监测工作主要包括以下内容：

(1)明确环境监测重点，主要包括不同地域高寒湿地、森林、草甸的水文及气象的常年性监测；高寒湿地生态系统监测，森林生态系统监测，高寒草甸生态系统监测，林麝、马麝监测。

(2)加强对旅游活动的监测。在保护区内建立相应的生态旅游定位监测站，在游客集中的季节和区域，开展定期监测工作，及时掌握游客的时间分布、生态影响过程及环境容量等方面的现状，监测游客数量对环境的影响；开展环境评价工作(EIA)，对生态旅游活动可能引起的生态环境影响进行科学的评估和论证，以便实施有效的生态恢复行动。

7.2　开发系统工程

开发不是目的，是一种实现发展的手段和途径。开发是个综合复杂的系统工程。本文选取科学规划、产品开发、市场开拓和设施建设为开发系统研究的重点。

7.2.1　科学规划工程

1. 概述

科学的规划是自然保护区保护生态环境、合理利用资源的前提。科学的规划可为下一步开发建设和经营管理提供框架和依据，能有效地引导和控制旅游开发与发展，减少盲目性；保障自然保护区生态旅游开发达到预期目标[116]。因此，科学的生态旅游规划是海子山自然保护区保护性旅游开发的前期工程。自然保护区的生态旅游规划是以自然保护区总体规划为基础进行的专项规划，必须与自然保护区其他有关规划、当地社会经济发展规划、土地规划相协调。

自然保护区的生态旅游规划是一个系统的工程，其内容涵盖很多。2006年颁发的《自然保护区生态旅游规划技术流程》(GN/T20416—2006)制定了若干统一的技术标准、规范与要求，对于保护区开展生态旅游规划具有较强的指导意义。

2. 规划重点

1)明确生态旅游规划范围

根据《自然保护区条例》，保护区内的生态旅游区建设要避开核心区和缓冲区，旅游设施建设、旅游参观活动的线路、范围要严格限制在实验区或保护区的外围。笔者认为，虽然核心区和缓冲不能开展旅游活动，但可以开展视觉观光等无干扰旅游项目，是自然保护区生态旅游开发的配景区和生态保育区。因此，自然保护区生态旅游规划范围重点在实验区和保护区外围地区，部分核心区和缓冲区作为配景区和生态保育区划入其内。

根据保护区的实验区分布和生态旅游景观特点，海子山自然保护区的生态旅游区范围由南北两大部分组成(图 7-3)：

一是格聂自然与人文生态旅游区。该区包括保护区北部实验区和保护区的外围地带，面积约 2050 km^2。保护区的外围地带是指东以铁匠山丫口为界，沿县城到章纳乡的公路两侧展开，包括喇嘛亚乡、章纳乡和格则乡部分区域。该区域的旅游景观以海拔 6204 m 的格聂山为中心，由山峰、原始森林、草原、湖泊、古冰帽、温泉、寺庙、藏乡风情构成，属于以自然观光为主，融合藏乡风情的复合生态旅游区。

二是海子山自然生态旅游区。在保护区实验区内，沿 217 省道两侧展开，具体范围为，西以兴伊措为界，北至海子山道班，东以县界为界，南至老林口道班，面积约 490 km^2。该区域以星罗棋布的湖泊景观，琳琅满目的冰漂砾、石海景观，鳞次栉比的终碛垄、侧碛堤、羊背石景观，森林生态系统为主，形成原始、混沌、旷远的自然风貌，属于原始自然生态区。

在范围确定和宏观布局的基础上，综合考虑景观资源、地形、交通、资源和生态环境保护等因素，海子山自然保护区的旅游开发形成了"一、二、二、四"的总体布局(图 7-3)，即一条旅游环线，康南海子山保护区旅游内环线；二大旅游区，格聂自然与人文生态旅游区和海子山自然生态旅游区；二条旅游带，格聂核心旅游带和格聂藏寨乡村旅游服务带；四大特色旅游景区，铁匠山地质遗迹区，兴伊措地质遗迹区，老林口地质遗迹区和冬措地质遗迹区。

2)生态视角定位旅游区性质

确定旅游区的性质是旅游规划工作的首要任务。旅游区的性质决定该地利用功能、开发方向、旅游设施内容和项目。自然保护区旅游区的性质主要取决于旅游资源特色、客源市场需求以及区位条件。其性质的确定和描述，一般由三部分内容组成，一是自然保护区的旅游资源特色，二是旅游区的开发利用功能，三是旅游区的等级类型[117]。

通过对海子山自然保护区的现状、优势、发展潜力及存在的问题进行系统分析评价，综合考虑其区位特性、旅游资源特征、区域条件和客源市场需求等因

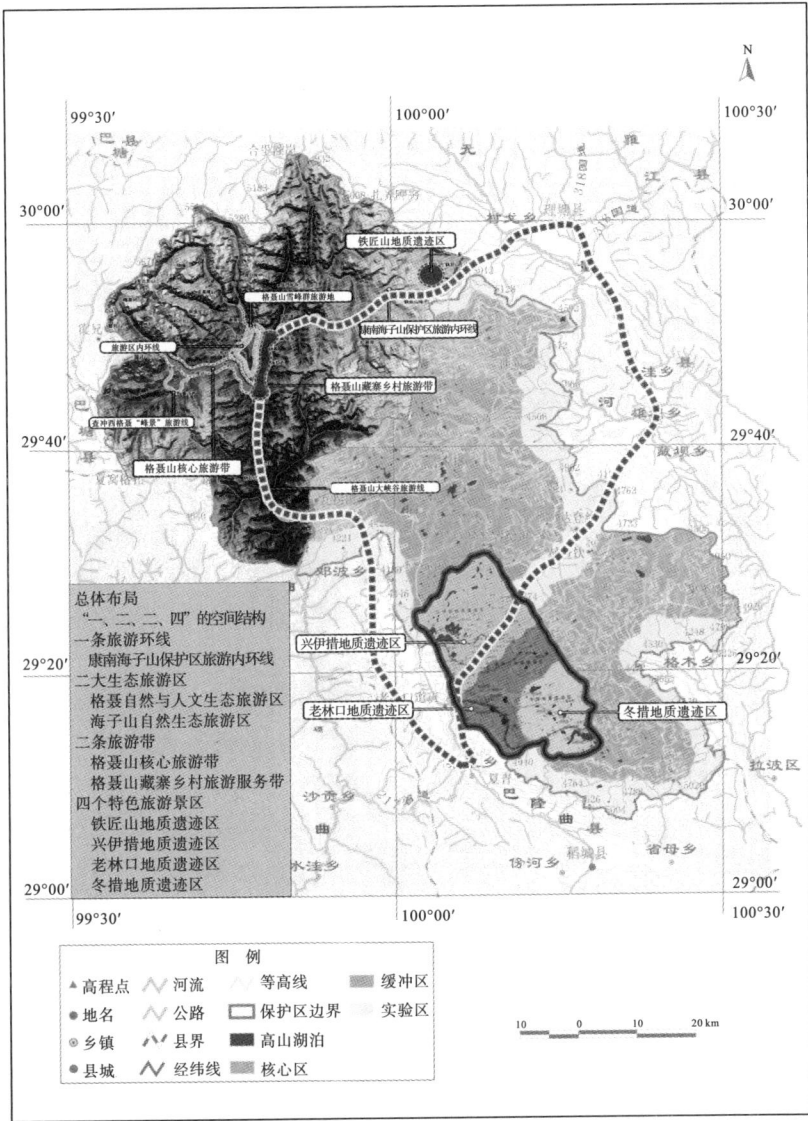

图 7-3 海子山自然保护区旅游开发总体布局图

Figure 7-3 General Layout Plan of Tourism Development in Haizi Shan National Natural Reserve

素,将旅游区性质定位为:集生态观光、生态科考、生态休闲、生态文化体验、生态探险等多种功能于一体的世界级生态旅游区和生态教育基地。

3)旅游环境容量确定

合理的旅游环境容量是自然保护区生态旅游管理的科学依据之一,因此,它的科学确定是自然保护区生态旅游规划的关键问题,关系到自然保护区生态旅游可持续发展。

旅游环境容量有空间容量、设施容量、生态容量和社会心理容量四类。根据"水桶原理"，旅游区的环境容量取决于空间容量与设施容量之和、生态环境容量、社会心理容量三者的最小值。但目前在自然保护区环境容量规划的实践中，考虑最多的是空间容量的测算，因为设施建设规模以空间容量的估算为基础，而生态环境容量和社会心理容量估算具有较大的难度。

经计算，海子山自然保护区的年环境极限容量为 36 万人次。其中格聂自然与人文旅游区 27 万人次，海子山自然生态旅游区 9 万人次。

4)科学划分功能分区

自然保护区生态旅游规划的关键是维护生态安全。自然保护区生态旅游规划设计是在保证生态安全的前提下进行旅游活动规划与安排，因此，如何把生态安全和旅游活动有机地结合起来是自然保护区生态旅游规划设计的中心任务，即如何应用生态学的有关原理和方法进行旅游活动在空间环境上的合理布局[118]。

生态旅游区域可按不同功能划分能为游览区、景观生态保育区和服务区。其中：游览区为适合各种野外观景、游憩活动开展的区域。景观生态保育区为以涵养水源、保持水土，维护旅游区生态环境为主要功能的区域；服务区为管理服务机构、服务接待设施集中分布的区域[119]。

海子山自然保护区的游览区呈带状分布，为沿游览带，即海子山道班—兴伊措—100 公里道班—银则措、嘎巫—章纳—乃干多—冷达—虎皮坝—冷古寺、冷达—虎皮坝—查冲西、章纳—喇嘛垭—乃干多两岸宽约 1 km 范围内的景点及景点周围相关环境空间。海子山自然保护区的生态旅游景观保护区，是旅游区范围内除去游览带的其他区域。海子山自然保护区的旅游服务区分为三级设置，一级接待服务区以喇嘛垭、章纳乡镇内的旅游服务带为依托；二级接待服务区以热日卡、嘎巫、桑堆为依托；三级接待服务区为查冲西生态营地、海子山道班服务点。

7.2.2　产品开发工程

1. 生态旅游产品开发理念

"生态旅游"一词自诞生以来，其内涵就充满了争议。严格意义上的生态旅游，即硬生态旅游(hard eocotursim)是指少数具有强烈生态和环境意识的旅游者对尚未被人类影响和改造的自然区域所进行的以不导致环境破坏和退化为前提的小尺度的旅游。相对硬生态旅游而言(图 7-4)，软生态旅游(soft eocotursim)是指具有浅显环保意识的旅游者进行的"维持现状可持续发展"(steady-stated-sustainability)有关的旅游。很多学者将生态旅游看成是处于"软"(soft)、"硬"(hard)之间。一般大多数生态旅游者到旅游目的地，既有硬生态旅行，也有软生态旅行。

　　自然保护区的保护性旅游开发的目的是实现生态保护和社区发展的目的。硬生态旅游虽然能基本实现生态保护的目标，却由于旅游参与人数少，将旅游目标集中在自然吸引物上，与当地社区的接触较少，也较少使用当地的旅游服务设施，因此，往往形成不了上规模的产业。没有一定规模的"收入流"和生态旅游产业体系，则实现当地社区受益的目标将成为空谈[120]。软生态旅游的参加人数较多，具有规模效应，对保护区和社区具有重要的经济意义，但如果不采取措施对游客规模和行为进行控制，或控制失效，则会严重威胁自然保护区和社区的可持续性和完整性。因此自然保护区发展生态旅游，特别是促进社区经济发展，仅靠小规模的硬生态旅游是远远不够的，而软生态旅游则提供巨大的机会。

硬生态旅游	←————————→	软生态旅游
强烈的环境责任感	— — — — — — —	浅显的环境责任感
改善可持续	— — — — — — —	维持现状可持续
专门性旅游	— — — — — — —	多目的的旅游
长时间旅行	— — — — — — —	短时间旅行
小团队	— — — — — — —	大团队
体力积极	— — — — — — —	体力消极
所期待的服务较少（如果有的话）	— — — — — — —	期待服务
强调个人体验	— — — — — — —	强调解说

图 7-4　生态旅游图谱（据 David Weaver 和 Laura Lawton，2001）[121]
Figure 7-4　Map of Eco-Tourism

　　笔者认为自然保护区的保护性旅游开发应该将硬生态旅游和软生态旅游相结合。两者的结合既贯彻了可持续发展理念，实现生态保护，又具有规模效应，能创造大量利润，促进进一步保护，使开发与保护相互促进，良性循环。两者的结合具有巨大的现实性，特别符合我国国情，对我国具有特别的意义。

　　根据硬生态旅游和软生态旅游相结合的生态旅游产品开发理念，本书对海子山自然保护区的生态旅游产品开发分为硬生态旅游产品和软生态旅游产品两方面阐述。

2. 硬生态旅游产品

　　硬生态旅游产品的服务对象是环境意识强烈、素质较高的少数游客，如环保主义者；生态、环保团体的人士；大专院校的师生；科研人员；专业摄影师和已接受环境教育的小型团队等。在旅游产品服务时以科考科普为主，只配置一些必要的观赏设施。硬生态旅游者除了在软生态旅游产品开发区域，还可以在专辟区域进行硬生态旅游活动外，海子山自然保护区可以开展以下硬生态旅游产品：

(1)肖扎沟高寒湿地科考游。肖扎沟位于虎皮坝东北侧，集雪山、瀑布、圣湖、温泉、草甸、湿地、森林于一体，以河漫滩实地为主，具有很高的科研和观赏价值。

(2)古冰帽地质遗迹科考游。该项目可以在兴伊错地质遗迹区、老林口地质遗迹区和冬措地质遗迹区进行。

(3)生态徒步探险。游客能徒步穿越谢果同草原，至仲拿沟、仲嘎沟，近距离观喀麦隆雪山、探访仲拿沟冰川、钙化温泉等，感受徒步探险的乐趣。

(4)格聂山北坡探秘。游客可以从冷古寺往前徒步，欣赏格聂山东北坡以及角峰、海子等冰川遗迹，探秘格萨尔王遗址。

(5)格聂山登山探险。格聂山有大面积的第四纪末次冰川遗迹；格聂群峰及周围还发育有现代山岳冰川，是第四纪末次冰川的天然博物馆。在专业人员指导下，探险旅游者、登山爱好者可以开展冰川探险、攀登雪峰等"极限运动"。

3. 软生态旅游产品

解决软生态旅游和生态保护两者之间矛盾的方法是通过游客在空间的分布来实现。一是在保护区划定一小块区域，通过最有效的景区保护措施，集中接待大量游客，同时也使大量游客带来的影响局限于最小的空间。二是在保护区外围地区开展乡村生态旅游、乡村民俗旅游等。海子山自然保护区可开发的软生态旅游产品如下。

(1)格聂河谷自然生态体验。章纳至冷古寺一带，格聂河溪流低吟、彩林绚丽多姿、冷达草塔天然原始、反转海螺神秘发现、虎皮坝浅溪萦绕、冷古寺神秘幽怨、格聂山东坡傲然矗立，丰富的景观一定让人目不暇接、陶醉其间。

(2)雪峰群观光。观赏由喀麦隆、肖扎、黑和日扎、霞兄山、多吉羌山等10余座雪山组成的浩浩荡荡的雪山群，感受雪山的连绵巍峨、宏大气势、冰清玉洁。

(3)古冰帽遗迹观光摄影。在铁匠山地质遗迹区和兴伊错地质遗迹区，观看古冰川活动遗迹，造型奇特的岩石，用镜头记录铁匠山一望无际、仿佛星天倒挂的冰川遗迹。

(4)冷古寺朝圣。冷古寺是康区最古老的黄教(初为白教)寺庙，在康区享有很高的声誉，寺内除收藏了大量经文以外，还有母鹿角、反转海螺、"格聂之心"三大镇寺之宝，是广大信徒和游客的向往之地。探访格聂雪山脚下已经几百年的寺院，感受藏传佛教的深邃，观看镇寺之宝。

(5)藏族村落观光体验。章纳、喇嘛垭乡的藏族村落有特色，游客可以观赏藏族民居，用镜头记录村寨美景，品尝酥油茶、糌粑等藏族美食，亲手参与制作手工艺品，与可爱的藏族孩童嬉戏玩耍，体验藏族民俗，感受藏民的热情与纯朴。

（6）藏民俗风情体验。以藏民村寨、藏族民俗为主题，深度体验藏民生活、藏族的建筑、婚俗、生活习惯、生产方式等。在青稞酒的芬芳中，游人尽可与姑娘小伙翩然起舞，体验恍若异域的民族风情——中国西部"牛仔"康巴汉子、独具特色的民居和饮食、各具异趣的节庆，醉在格聂的山水之间。

7.2.3　市场开拓工程

旅游市场开拓是个系统而复杂的工程，包括市场开发前期分析、市场营销策略、目标市场定位、旅游形象策划与推广等。本文仅重点对以下几方面进行阐述。

1. 营销战略

（1）绿色营销战略。宣传促销着眼于旅游区环境保护的理念和区域生态环境保护的成果，重点营销海子山自然保护区如画的原生态风光和民族风情，以及绿色的旅游方式和管理模式。

（2）整合营销战略。加强与甘孜州、大香格里拉旅游区以及国内旅游区试点单位联合营销，积极与国内外旅游商（社）联合促销大香格里拉旅游区、中国的旅游区，主动与主要客源国生态旅游公司加强沟通和联系。

（3）高端市场拓展战略。通过开发符合国际化标准的旅游目的地，通过打造生态旅游、特种旅游产品，着重吸引海外市场和高产出的国内高端市场，与国际营销平台接轨，塑造国内外知名旅游品牌。

（4）科技营销战略。科学、文化地包装和宣传海子山自然保护区的旅游形象及产品，营销拓展手段及渠道逐步向国际化营销转变，增强科技营销力度和创新意识，大力发展旅游数字化服务和旅游电子商务。

2. 目标市场定位

海子山自然保护区的目标市场的出游动机以生态旅游、文化体验、户外徒步、登山探险、摄影采风等为主。目标市场游客年龄在 25—44 岁这个年龄层的中青年，收入水平高、职业多样化、受教育程度高、环保意识强。按区域区划分为：

1）国内市场

一级目标市场（基础市场）：成都、重庆、昆明等特大中心城市。这三个城市不仅自身的旅游消费潜力大，而且处于客源集散中心，中转旅游市场潜力也很巨大，吸引"香格里拉环线"为依托的过境市场。随着中甸机场的开通和理塘—中甸公路的改建完成，云南省（包括从外省经云南）将带来大批客源。

二级目标市场（重点市场）：以广州为中心的珠三角地区、以北京为中心的环渤海地区和以上海为中心的长三角地区。该市场是全国、全省开发的重点市场，居民出游率高，而且出游范围大，在目前交通条件十分困难的情况下，该区域已有不少"驴友"慕名而来，相信在今后旅游大环境改善的情况下，该区域的市场前景非常可观。

三级目标市场（机会市场）：国内其他潜在客源市场。这个市场比较复杂，其中包括相连的省市，也有较远的省份。近期开发十分有限，但其中的某些省（特别是相连的陕西、湖北等省）也有巨大的市场潜力，可以列为远期开发的计划之内。

2）国际市场

一级目标市场（基础市场）：日本及东南亚短程市场。这是我国也是四川开发的重点市场，市场份额比例最大，开发也比较成熟。

二级目标市场（重点市场）：欧美远程市场。该区域是世界最大客源产生的区域。该市场在中国旅游主要集中于两种旅游产品：一是团队旅游者的北京游等中国精品游，二是中国秘境探险，对藏区的生态与人文方面特别感兴趣。该市场在甘孜州的旅游发展中已经占据了较大的市场份额，甘孜州旅游资源在这些地区已有相当的知名度。

三级目标市场（机会市场）：海外其他地区。该市场是零星市场，也是将来有可能开发的潜力市场。

3. 目的地营销方案策划

1）旅游形象推广

旅游目的地形象是旅游者对某一旅游地的总体认识和评价，是旅游目的地的灵魂，是旅游地对客源市场产生吸引力的关键，是旅游地的象征，是召唤旅游者前往旅游地旅游的旗帜。

海子山自然保护区以"古冰帽、雪峰群、大山水、原生态"等特色运用到宣传促销中，形成品牌聚焦效应，塑造海子山自然保护区的旅游品牌形象。通过多种渠道和形式宣传海子山保护区。

2）建立旅游目的地营销平台

旅游目的地营销系统（destination marketing system，DMS），是一个基于互联网技术的旅游目的地营销解决方案，通过有效地将网络和传统营销业务相结合，实现旅游营销效益。

首先，建立海子山自然保护区官方网站，向旅游市场提供充裕、及时、可靠和充足的公共信息是重要的旅游促销方式。第二，完善网络预定功能。对于海子山自然保护区大规模的入境及散客旅游者，完善网络预定功能非常重要。对生态容量有限的景区和稀缺的服务设施实施网络预定，鼓励旅游区内的企业开展网络预定业务。第三，全面网络促销攻略。在新浪、搜狐、雅虎等门户网站及中国旅游网、中国旅游资讯网等专业网站发布海子山自然保护区的旅游资讯。第四，网站链接。保持与四川旅游资讯网、甘孜州旅游信息网等各方网站和大型门户网站的链接。第五，海子山自然保护区 BBS。通过网络论坛的建设，给网友一个交流的平台，传播海子山保护区的旅游信息，收集游客的反馈信息。

3) 公关策划

海子山自然保护区公关营销的目的就是充分利用旅游区的特殊地位，挖掘与旅游区相关的新闻点，引起众人的高度关注。比如：邀请《中国旅游报》、《旅行家》、《时尚·旅游》、《中国国家地理》、《风景名胜》等业内知名杂志报纸的记者前来旅游、采风。管理者和促销人员在名片等公关载体上印制海子山保护区的介绍和通达路线。印制多语种的宣传画册、地图、线路图等免费赠送的促销材料。参加有积极意义的公益活动。与宣传、外事、外经贸、侨务、接待、驻外办事处、文化、文物、影视、出版等部门建立友好关系，形成良性互动。

7.2.4　设施建设工程

设施建设工程是旅游开发系统的基础工程。自然保护区生态旅游开发为实现其旅游功能、保护功能和环境教育功能的协调发展，应该将主要的旅游食宿设施在保护区外建设，区内只能设置必不可少的设施。其次，设施生态化是自然保护区旅游生态化的重要标志之一。

1. 旅游服务设施建设

旅游服务设施建设中要以人为本，布局合理，风貌与周围自然、生态以及人文环境相协调，满足游客的基本需求，严格控制其建设规模。其中住宿接待、餐饮设施充分依托乡镇。

1) 旅游服务设施

海子山自然保护区的旅游服务设施分为三级：游客中心、旅游服务站、旅游服务点。

游客中心。选址在章纳乡。按照旅游区的建设标准建设职能化的游客中心，与自然保护区博物馆和管理局建设用房合建。

旅游服务站。旅游服务站选址在喇嘛垭、桑堆乡、热日卡、嘎巫、查冲西、冷达结合营地、村落设置。设置旅游咨询点、医疗服务站、网络信息服务站、旅游商店、休憩设施，为游客提供马匹出租、向导服务等。满足旅游信息咨询、购物、医疗救助、休息等需求。

旅游服务点。旅游服务点选址在依拉卡、乃干那托、乃干多、虎皮坝、冷谷寺、铁匠山、兴伊错、海子山道班设置。设置简单的医疗服务点、休憩设施，小卖部出售方便食品、饮用水，为游客提供马匹出租服务等。满足游客休息、医疗救助等需求。

2）住宿设施

海子山自然保护区的住宿接待分为三级设置。一级接待服务区为以喇嘛垭、章纳乡镇内的旅游服务带为依托；二级接待服务区为以热日卡、嘎巫、桑堆为依托；三级接待服务区为查冲西生态营地。在接待服务区里，依托现有民居，并对其进行改造。民居的外形、体量、密度要与自然环境相得益彰。建筑外形基调宜采用石木结构的藏式建筑。餐饮以提供传统特色饮食为主。营地主要开辟出露营区，满足自搭帐篷的需要。整个营地集中配备一个中心盥洗室、洗衣房、野营灶、生态厕所、医疗室等。营地的固废处理采用全部打包外运的方式。营地建设应依据自然地形条件，与环境相协调。开辟公共活动的场地，满足开展篝火晚会、游客交流沟通、营区集体活动等的需求。

3）餐饮设施

为了便于游客用餐，旅游区内采取多种形式餐饮设施，包括宾馆、藏家乐、旅游服务站等，提供不同价位、各具特色的餐饮服务，满足游客的需求。

餐饮点设置在喇嘛垭乡、章纳乡、桑堆乡热日卡村、乃干多村、冷达、兴伊错等地。积极发掘藏餐特色，发展特色餐饮。餐饮以提供传统特色饮食为主，如：酥油茶、青稞酒、鲜牛奶、糌粑、牦牛肉等。

4）旅游解说系统

解说系统建设是自然保护区生态旅游设施建设的一个重要内容。解说系统能够为游客提供导游和信息服务，而且能够增加游客对有关自然保护区生态环境知识及其价值的认识，对游客起到教育作用，激发他们对大自然热爱的情感，提高他们的生态环境保护意识，引导其旅游活动与行为。海子山自然保护区的旅游解说系统的建设主要包括以下内容：

一是解说中心，选址在章纳乡，与游客中心合建，采取多种形式向游客展示自然保护区的历史、地理、地质、生态资源特色、生物多样性知识、生物习性、保护价值与意义、独特与优美的风景资源等，并向游客宣传旅游行为指南。

二是标识系统，包括旅游区全景标识、景点标识、说明标识、交通指引标识和忠告标识等。其中，旅游全景标识，设置在喇嘛垭乡、章纳乡，桑堆乡、海子山道班以及各节点和交通枢纽处；景点标识牌，设置在依拉卡、乃干拉托、虎皮坝、冷古寺、冷达、查冲西、嘎巫、兴伊错等地，集景点介绍、交通导引和旅游服务设施导引为一体。交通和服务指引牌示，根据实地情况和交通指引需要，主要布置在铁匠山垭口、喇嘛垭乡、章纳乡、桑堆乡等地。忠告牌示，在主要景点、游步道适宜位置、危险路段处应设立相应的忠告牌示，提示游客注意安全和规范游客行为，保护景区资源和环境等，如"注意危险"、"爱护环境"等。

2. 旅游基础设施建设

旅游基础设施包括旅游道路交通工程、给水排水工程、电力工程、通信工程和环卫工程等。合理的道路规划和建设是减少生态影响的有效举措，更是旅游活动顺利开展的关键。本书重点对道路设施建设加以阐述。

1）建设原则

道路设施建设应该遵循以下原则：充分利用现有道路，进行改扩建的原则；保护地貌景观和生物景观，避免大填大挖的原则；内部交通和谐串通，形成网络线路，便于旅游区建设发展和组织管理，道路等级与游人规模、车辆流量相适应，避免造成浪费或制约旅游区旅游业发展的原则；就地取材，融和自然的原则。

2）现状分析

理塘县为康南交通枢纽，国道 318 和省道 217 在此交汇。但由于路况较差，目前的交通状况很难让游客快捷、方便、舒适地到达旅游目的地。随着康定机场的通航、理塘——中甸公路的改建和亚丁机场的修建，对外交通将得到大大改善。

目前从理塘县城到格聂自然与人文生态旅游区有简易公路相连，从理塘县城到海子山自然生态旅游区有 217 省道相连，交通便利。

旅游区内部交通较为落后，目前喇嘛亚到章纳乡有简易公路相连，旅游区内其他地方皆为原始徒步道，不能满足旅游发展的需要，有必要进行改建。

3）开发建议

完善理塘县城至喇嘛垭、章纳乡全长 82 km 的三级公路建设。完善旅游交通标识系统。为了便于游客游览，旅游区的内部交通主要以生态游步道串联。修建章纳—乃干多—冷达、虎皮坝至冷古寺、依拉卡—乃干那托—乃干多、依拉卡至仲拿沟、冷达—查冲西—虎皮坝、海子山道班—兴伊错等的生态游步道。生态游步道，需要现场权衡放线确定。路面材料可就近取材施工，要求施工后的步行道路面平整，舒适度高，视觉景观丰富，与环境协调。

7.3　管理系统工程

管理贯穿于自然保护区保护与开发的全过程，起到组织、实施、协调的作用。本书选择能力建设、社区共管、环境教育和管理创新为管理系统的研究重点。

7.3.1　能力建设工程

1. 内涵

近年来，能力建设问题在不同的领域均得到较为广泛的应用，已成为一个重要的行话或术语。从字面上看，能力建设的含义比较容易理解。但学术界曾从不同学科角度下了许多定义，至今没有一个清晰而公认的答案。杨明亮认为，在能力建设概念中的"能力"，则指个人、一个机构以及一个系统执行职能、实现目标的能力，且这种能力能够适应工作条件的不断变化，能够适应职能和目标的不断调整。因此，能力建设被定义为增强或提升个人、群体、机构、社区、或社会能力的过程[122]。能力建设概念的引入，为自然保护区的发展带来了新的理念和方法。

2. 措施

能力建设涉及诸多领域和活动内容，是一项系统工程。海子山自然保护区的能力建设工程可以从以下几方面开展工作：

（1）提高资源管护的能力。保护区的资源是保护区可持续发展的基础和主体，对资源管护能力的建设是保护区能力建设的重中之重。海子山保护区在能力建设过程中应该对保护区的重点保护对象和森林、林地、林木、病虫防治、森林防火等严格落实管护责任，依法保护自然保护区资源。

（2）提高科研监测能力。"科学技术是第一生产力"。科技进步是保护区发展的动力支撑。海子山保护区首先要提高对科研重要作用的认识，加大对科研工作的投入。建立以公益性科研机构和高等院校为主体的研究基地，逐步提高保护区自身的科研监测能力和水平，随时了解和掌握重点保护对象的变化情况，确保重点野生动植物得到有效保护。

（3）提高自我发展的能力。自我发展能力建设主要体现在两方面：一是经济能力建设。对海子山自然保护区进行保护性旅游开发，在对保护对象不造成危害的前提下，在实验区内大力发展生态旅游等生态经济双赢的新型产业，以弥补保护经费不足，带动周边社区发展。二是人力资源建设。建议海子山保护区建设以科研机构和高等院校为主体的培训基地，加强对保护区管理人员和专业技术人员的培训。

（4）提高社区共管的能力。社区参与是自然资源保护和持续利用的关键，也是自然保护区保护性旅游开发成功的关键。海子山自然保护区应该实行"社区共管"模式，扶持、引导社区经济发展，加强对社区的公益性培训，共同建设保护区，促进社区经济社会发展。

（5）提高与国际接轨的能力。自然保护区的建设是一项国际性事业，加强国际合作和交流是提高自然保护区管理能力的途径之一。海子山保护区应该积极开展同相关国际组织和机构的合作与交流，以引进国外资金和先进技术。

7.3.2 社区共管工程

1. 内涵

社区共管制度始于西方国家，最早见于加拿大政府在自然保护区管理中用来协调土著居民和国家公园的关系。社区共管也被称为参与式管理、合作管理、共同管理，是管理自然资源的一种多元化方法。进行自然保护区和社区资源公共，就是让社区村民成为自然保护区及其周边资源保护和利用的主体之一，促进自然资源可持续利用，使得生物多样性得到保护[123]。社区共管的目的是实现生物多样性保护和可持续社区发展相结合。

2. 措施

海子山国家级自然保护区内无固定居民。对海子山自然保护区的社区共管工程应围绕以下内容进行有效开展。

(1)强法律和政策的制定。缺乏法律保障的共管是脆弱的[124]。完善法律体系，尽快建立生态补偿机制。同时，在社区共管的实施过程中，国家可以制定符合地方实际的税收、就业、社会保障、科技保障和资金保障等优惠政策。另外，提高提高地方政府对社区共管的认识，经验表明，当地方政府没有参与或以任何理由反对共管，共管就很难坚持下去。2007年7月，四川省委、省政府决定在甘孜州启动富民安康工程，突出抓好"科学发展、富民惠民、共建和谐"三件大事。富民安康工程的实施为海子山自然保护区的社区居民参与旅游发展提供了巨大的政策支持。

(2)拓宽融资渠道，以生态旅游开发促发展。保护区要多渠道多方面加大筹资，积极争取各级政府的投资，争取国际组织的经济援助，与NGO、科研单位等社会团体开展广泛的合作。同时，改变社区对资源依赖型的传统的放牧、采食用菌和虫草等生产方式，进行保护性开发，逐步发展生态旅游业，从项目带动过渡到以产业带动，引导社区经济发展，逐步形成社区自我发展动力机制。

(3)提高社区居民的综合素质。人们的观念和知识水平决定了其工作指导思想和方式方法，只有提高社区居民的综合素质，才能保证社区参与的科学合理性。海子山自然保护区周边社区居民的受教育程度普遍偏低，对新鲜事物接受能力往往较差。因此，在共管执行过程中，注意工作的手段和方式，比如，加大对社区传统习俗及文化的挖掘和利用，利用藏传佛教"天人合一"、"忌伤生灵"的基本教义，开展社区共管和自然保护。加强对社区自我发展能力的培养，这种能力既包括技术和管理能力，更要包括态度和行为模式因素。加大对社区旅游接待培训工作，旅游接待培训主要包括两方面的内容，一是居民的旅游业的认识，二是居民的旅游从业技能(表7-1)。

表7-1　社区居民培训内容

Table 7-1　Training Composition of Community Members

培训类别	知识类型	主要培训内容	培训方式
基本技能	基础知识	旅游基础知识、环境保护知识、安全救援常识	通过组织村寨精英、村民进行培训、专项培训班、讲座、组织村民外出考察、村民内部交流、媒体宣教、板报、墙报、中小学素质教育等方式开展培训
	民族知识	民族文化常识、民族村寨地理、民族技艺传习	
	相关法规	环境保护法律法规、旅游法律法规	

续表

培训类别	知识类型	主要培训内容	培训方式
专业技能	服务意识	可持续发展观、旅游服务技巧、岗位职责、卫生意识	通过组织村寨精英、村民进行培训、专项培训班、讲座、组织村民外出考察、村民内部交流、媒体宣教、板报、墙报、中小学素质教育等方式开展培训
	服务技能	旅游经营技能、礼仪礼节、普通话与外语水平、宣传销售技能、烹饪技巧	
	专门技能	商品加工和包装能力、产品设计能力、特色技能	

7.3.3 环境教育工程

1. 内涵

环境教育是教育系统的一个新范畴，是全球环境问题和生态意识觉醒的产物。环境教育是以跨学科活动为特征，以唤起受教育者的环境意识，使他们理解人类与环境的相互关系，发展解决环境问题的技能，树立正确的环境价值观和态度的一门教育科学[125]。拥有丰富的野生动植物资源和自然生态系统的自然保护区为环境教育的开展和实施提供了良好的背景与条件。同时，环境教育作为投资最少的环保策略，有助于协调经济与环境的关系，迎合了自然保护区持续发展的需要[126]。我国《自然保护区条例》(1994)第二十二条规定，自然保护区管理机构的主要职责之一就是进行自然保护的宣传教育。

2. 措施

我国环境教育起步较晚，海子山国家级自然保护区在保护性旅游开发过程中可以借鉴国外环境教育的成功经验加强环境教育工作，可以采取如下措施：

(1)发挥政府引导职能。在环境教育工程中，相关政府部门应该对于海子山保护区的生态旅游环境教育予以各方面的支持，不仅要对环境教育的发展进行科学的规划设计，将环境教育作为保护区发展的重心之一，还要确保环境教育在海子山自然保护区能持续有效地开展。

(2)加强非政府组织技术合作。为了争取到非政府组织的参与和帮助，建议海子山自然保护区一方面积极与高等教育院校等科研机构联系，建立合作伙伴关系，为其提供科研场所，发挥其宣传教育功能；另一方面，利用海子山自然保护区的生态资源，积极寻求国内外非政府机构，如世界自然基金会的支持，协助保护区完成生态旅游环境教育的科学规划。

(3)提高社区参与程度。保护区周边社区村民是当地自然资源的直接利用者，他们对自然资源和身边环境的认识和行为，直接关系到自然保护区资源的有效保护程度[128]。一方面，对当地居民进行环境教育培训，使其认识到环境教育的重要意义。可以编写通俗易懂的有关自然保护方面的辅助材料和画册(汉、藏文对照)，对周边乡镇中、小学生进行教育，以增加学生的环境保护知识和意识，并带动成人一起参加保护工作。另一方面，争取周边藏传佛教寺院的支持，发扬藏传佛教崇尚的"不杀生"习俗，在寺院举行佛事活动期间，由寺院喇嘛和保护区的人员一道向群众宣传保护高寒湿地和野生动植物的知识、重要意义以及国家的政策及法律法规。把保护区资源保护作为当地藏传佛教的教规、教义，深入到每一个人的心中。

(4)寓教于乐，提高旅游者环保意识。保护区的旅游者是旅游活动的主体。对旅游者的环保教育可以通过资料宣传、保护区网络信息等在旅游出发前就进行，并通过各项生态旅游项目贯穿于旅游全过程，使旅游者增强保护生态环境的意识，使环境保护的理念更为广泛地传播。加强环境教育基础设施建设，建设海子山自然保护区博物馆或展厅，各类解说牌、环境小品等，使游客感受到探索自然奥秘的乐趣，激发游客学习的兴趣，激发游客对于环境教育的需求。

(5)对从业人员的宣传与教育。保护区从业人员既是环境教育的组织者、实施者，又是接受教育的群体。从业人员的环保意识，决定在自然保护区保护性开发中对环境保护的重视程度。保护区从业人员应当在开展环境教育的进程中，积极更新观念，学习知识，发展技能，以保证社区环境教育的质量。对管理人员的教育与培训可以采取邀请生态学专家、旅游专家等举办定期讲座、培训班等，增强他们的知识与能力。

7.3.4　管理创新工程

1. 内涵

创新是当今时代发展的主特征。自然保护区的保护性开发是一个动态的、不断创新的过程，只有不断地创新才能使自然保护区不断的发展和进步。自然保护区的管理创新是指自然保护区的管理者用新思想、新技术、新办法创新保护区的管理，从而实现保护区生态保护功能和服务社区功能的统一。

2. 措施

自然保护区的管理创新，首先是观念的创新，其次是管理体制的创新，最后是管理手段的创新。海子山自然保护区在保护性旅游开发过程应围绕以下几方面进行管理创新工作。

(1)观念的创新。改变传统封闭式管理概念，认识到保护区开放式管理、保护性开发的必要。党的十六届三中全会提出坚持以人为本，全面、协调、可持续的科学发展观，对自然保护区事业提出了更高要求，也带来了难得的发展机遇。要以科学发展观指导海子山自然保护区的建设管理，指导海子山自然保护区的保护性旅游开发。

(2)管理体制的创新。为了使自然保护区的资源和环境保护落到实处，海子山自然保护区保护性旅游开发应当正对性地进行管理体制的创新。首先建立自然保护区保护与开发的战略协调机制，确定自然保护区的一系列战略原则。其次，优化保护区旅游开发的外部环境，比如加强保护区周边自然和人文环境的治理。其次，完善保护区内部管理机制，比如，所有的开发活动必须遵照保护区的保护规划，强调社区参与，建立海子山自然保护基金等。

(3)管理手段的创新。与科研机构和高等院校等合作，加大海子山自然保护区的科学研究，发挥其宣传教育功能，进而提高海子山自然保护区的知名度。充分利用高新技术在海子山自然保护区保护性旅游开发中的应用，实现科技管理。比如，建立海子山自然保护区资源管理系统；利用现代化手段，建立海子山自然保护区网站，使更多的人在网络平台上能够以更快捷的方式了解海子山，促进全社会共同关注和保护海子山高寒湿地生态系统；有条件的情况下，使用遥感技术，服务于资源与环境监测、保护与管理，发现新的旅游资源，提高调查效率等。

7.4　人为因素分析

7.4.1　"1+X"主体模式

1. 概述

正如吴传钧院士所指出的"人地关系是否协调抑或矛盾，不取决于地而决定与人"。在自然保护区保护性开发的过程中，亦是如此，"人"的地位和作用是核心，特别是保护性开发的主体，他们是保护与开发的决策者与实施者，是最核心的因素。自然保护区的保护性开发主体不应该拘泥于过去传统的行政管理方式，应该从公共管理的视角，对其主体多元化进行理性思考，以推进自然保护区管理和建设的可持续发展，促进人地关系和谐发展。从保护性开发的主体方面，"人"主要涉及政府、社区、企业、第三部门等。

自然保护区的保护性开发是一个动态的过程，是一个不断积累的过程，不可能永远处于同一水平。在不同的发展阶段，这些保护性开发的主体所处的地位与作用不同，进而构成了保护性开发主体的"1+X"时间变化模式。"1+X"模式是指根据自然保护区的生态价值、市场价值和主体特点等来确定在保护区保护性开发的不同发展阶段的保护性开发主体的模式。这里的"1"是指政府。政府在自然保护区保护、管理和开发中具有不可推卸的责任。"X"是指社区、企业、第三部门(NGOs)等。社区的作用日益增长；企业可以提供资金参与保护性开发并发挥作用；第三部门，也称非政府组织(NGOs)、非营利组织，是指除政府部门和以营利为目的市场部门(企业)之外的组织或部门,包括志愿团体、社会组织或民间协会等。第三部门可以提供资金和技术支持并参与保护区的保护性开发中。

根据加拿大学者 Butler 的旅游地生命周期理论,一个旅游地的开发不可能永远处于同一水平,而是随时间的变化而不断变化,他把旅游目的地的发展演化一般划分为探索、参与、发展、巩固、停滞和衰退或复兴六个阶段。Butler 的理论针对一个旅游目的地而言,而自然保护区与一般的旅游目的地不同。根据自然保护区的特点,结合 Butler 的旅游地生命周期理论,本书将自然保护区的保护性开发分为探索、参与、发展、成熟四个阶段。

在不同的发展阶段,保护性开发主体变化的"1+X"模式具体应用如图 7-5 所示。

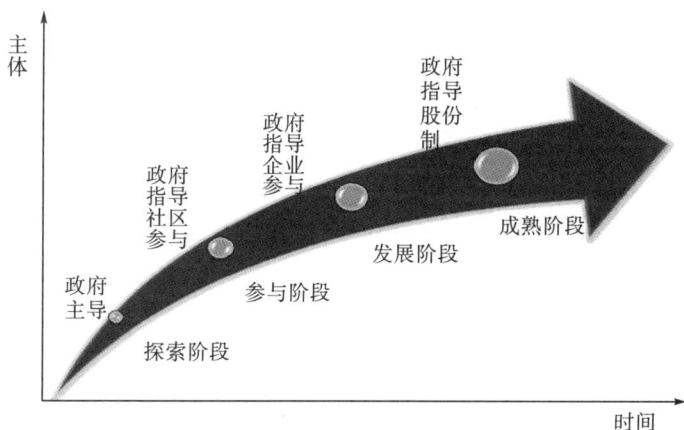

图 7-5　保护性开发主体"1+X"模式

Figure 7-5　Mode of Protective Exploring Main Body

这里需要说明的是,①从自然保护区的保护性功能、保护性开发的目的和公共管理等角度,政府在保护性开发全过程中具有不可推卸的作用,只是在不同发展阶段,发挥作用的方式和扮演角色的不同。②第三部门(NGOs)是非营利组织,是主动承担社会公共事业的社会中介机构,存在着"志愿失灵"的可能。因此,在保护性开发的过程中,存在着不参与、全程参与、断续参与的三种参与可能。因此在图 7-1 的模式途中,没有表示其存在的可能性。③以上各阶段的划分并不绝对,时间可长可短,有的甚至可以跨越式发展进入下一阶段。

2. 探索阶段

1)探索阶段特点

探索阶段是自然保护区保护性开发的初期。自然保护区的区位条件,包括地理区位、交通区位、经济区位以及文化区位条件较差。依赖自然保护区的资源禀赋、独特性和稀有性，有很小量的游客到来。探索阶段的自然保护区生态旅游还处于完全未开发状态，没有旅游基础设施和服务设施。探索阶段的自然保护区一般所在地区经济水平比较低，社区居民处于一种相对自给自足的自然生产生活状态，收入低。出于追求自身利益考虑，这个时期几乎没有旅游企业愿意加入。整个自然保护区的建设与管理资金匮乏，自然保护区内的自然和社会状态因旅游的产生而发展变化。

2）政府主导型模式

通过对探索阶段自然保护区特点的分析，如果直接把自然保护区推向市场，对社区经济的发展起到的促进作用很小，与此同时，自然生态环境和人文生态环境会遭受很大的破坏。这个阶段，基础设施不到位，很难吸引到投资，也不能满足游客的基本需求。因此，在这种情况下，政府的介入起了决定的作用。国内外自然保护区的保护性开发经验来看，也是如此。在自然保护区保护性开发的探索阶段，政府将扮演开拓者的角色，负责基础设施等投资环境的改善，拟定自然保护区保护性旅游开发的战略和规范。

在政府主导型模式下，政府成为自然保护区保护性旅游开发的主要行为人，社区居民虽然也可能参与保护区的日常工作，但由于意识和能力问题，参与程度不高；在旅游开发方面，尚处于一种保守状态。政府成为所有矛盾的焦点，这个时候，政府选择的开发方式非常重要。政府可以选择的开发方式有一步到位和分步到位。

3. 参与阶段

1）参与阶段特点

参与阶段，同 Butler 生命周期理论中的参与阶段。这个时候，旅游活动变得有规律，旅游季节也逐渐形成，有组织的旅游开始了。社区居民开始意识到本地的自然环境和人文文化可以为自己带来经济效益，开始形成代表自己利益的组织。社区居民开始为旅游者提供一些简陋的设施，一些社区居民为适应季节调整生活方式。旅游企业开始把目光投向这里，也有极个别企业开始了一些试探性工作。

2）政府指导下的社区参与模式

参与是一个过程，通过这一过程，相关者共同影响和控制发展的导向。对处于参与阶段的自然保护区的保护性旅游开发来说，社区参与性模式是指在政府的指导下，社区居民参与决策过程，项目实施，分享发展项目的利益和受益者参与项目评估等。但在我国现行自上而下的、限制社区参与的管理体制下不可能取得较大发展。因此，要一方面加强当地社区的组织建设和能力建设，一方面实行渐进式的政治分权。社区参与保护性旅游开发的方式可以是自主经营、农户加农户、政府加农户等方式。

4. 发展阶段

1)发展阶段特点

在自然保护区保护性开发的发展阶段,一个比较成熟的旅游市场逐渐形成,游客量大大增加,旅游设施比较完备。旅游企业看到了商机,于是对自然保护区的保护性旅游开发开始投资,外来投资逐渐增加。由于自然保护区的资源属于集体或是国家财产,所有权属于政府,旅游企业为了自身利益的最大化,希望政府把经营权转让给企业。在这个阶段,虽然资金和技术有限,社区也同样参与保护性旅游开发,甚至可以与企业合作,联合经营。

2)政府指导下的企业参与模式

企业参与自然保护区的保护性开发,一般采取三种形式:一是企业的独立经营,二是企业加政府的经营,三是企业加社区的经营。企业的加入实现了保护区保护性开发主体的多元化,丰富了融资渠道。但是必须认识到,由于自然保护区的特殊功能性和公共物品性,以及企业追求利润最大化的经济性,因此,作为最具政治权威的政府,在这个阶段必须担负起维护公共利益的职责。政府对企业的"指导"职责主要表现为,为进入保护区的企业提供政策保障和激励机制;对可能出现的企业管理外部不经济性进行制约;对保护区的社区和旅游者给予必要的保护。

5. 成熟阶段

1)成熟阶段特点

在自然保护区保护性旅游开发的成熟阶段,旅游市场相对稳定,游客增长率下降,但游客将继续上升,各项旅游设施相对完善,人与自然、人与人之间相互和谐。社区在保护性旅游开发的过程中得到了发展,比如,部分居民从传统的农牧业生产中解放出来,成为生态旅游的经营者和直接参与者,从而使得当地社区的产业结构有所调整,对农牧业的依赖性有所降低;外来资金的注入,为社区的发展提供了新的活力,也为社区带来了新的技术和管理经验;基础设施的建设和完善,方便了生态旅游,也方便了社区生活。在这一阶段的保护性旅游开发的主体有提供服务的政府、参与管理和经营的社区、进行经营的旅游企业。这时候的各利益主体处于相对稳定的状态。在此阶段要建立"股份制合作"的发展模式——建立平等的利益分配机制。

2)政府指导下的股份合作模式

股份合作制的基本含义是"在所有制性质既定的前提下,对属于不同所有者的各种生产要素加以组合和经营的形式","是一种兼有资本合股和劳动联合的经营的组织形式"。在开展保护性旅游开发时,可采取国家(保护区)、集体和社区农户合作,把自然保护区资源、技术、劳动转化成股本,收益按股分红与按劳分红相结合，进行股份合作制经营。股份合作经营的税后收益分配应包括：①公积金。主要用于自然保护区的生态保护与恢复，以提高生态系统的产出率，增强生态系统的服务功能。②公益金。用于当地社区发展，对当地社区居民进行生态环境教育、旅游经营技能培训等，以及支付维持公众参与机制运行所产生的费用等。②股金分红。这样，各方均可在保护性旅游开发中按自己的股份获得相应收益[116]。

通过"股份制"的保护性生态旅游开发。可以把社区居民的责（任）、权（利）、利（益）有机结合起来，引导居民自觉参与自然保护区生态资源的保护，实现社区共管，从而保证自然保护区保护性开发的可持续发展。

7.4.2 在研究区的应用

根据加拿大 Butler 的旅游发展生命周期理论，从海子山自然保护区的旅游发展基本情况来看，目前正处于探索阶段，在保护性开发主体上应该采取上述研究中指出的政府主导型模式，加大地方政府对海子山自然保护区保护性开发的主导作用，确立海子山自然保护区保护性开发的组织管理体制。因为受资金和技术的限制，建议当地政府对海子山自然保护区的开发采用分步到位、逐步完善的方式，这样也可以在一定程度上规避生产风险。

随着保护性开发的深入开展，社区参与旅游经营才相应的逐步发展。根据海子山自然保护区社区特点，在社区参与的初期，建议采取保护性参与经营模式，即在政府引导下，由社区居民集资建立旅游服务公司，由社区发展委员会统筹安排进行旅游服务接待。努力促进社区居民旅游就业，逐步推进旅游就业"一、二、三"工程，即一匹马：每户提供一匹马，用于旅游区接待；两个人：即至少为每户居民提供两个旅游就业机会，这些旅游岗位包括：马夫、导游、宾馆服务人员、民居接待服务人员、歌舞表演人员、环卫工作者等景区工作人员；三间房：格聂山旅游区大力发展民居接待，一般以每户接待 6—8 名旅游者为宜，即提供三间旅游接待用房间。

当然发展的过程并不一定非按上述各阶段依次进行，可以根据实际情况灵活处理，综合利用，甚至跨越式发展，最终达到自然保护区的可持续发展和社区社会经济发展的目的。

结　论

1. 初步结论

本书通过对四川省海子山国家级自然保护区旅游地学资源及保护性开发的研究，得出以下结论：

(1)保护与开发的矛盾是世界各国自然保护区面临的主要矛盾。保护性开发可以在一定程度上缓解保护与开发的矛盾。生态旅游是自然保护区保护性开发的重要途径。

(2)从理论上提出了"保护、开发、管理"三位一体的自然保护区保护性旅游开发新模式(简称 NRPTEM)，其中保护系统由生物多样性保护、地质遗迹保护、人文生态保护和环境监测三大工程组成；开发系统由科学规划、产品开发、市场开拓和设施建设三大工程组成；管理系统由能力建设、社区共管、环境教育和管理创新三大工程组成；人为因素在三大系统中具有主导作用。

(3)第四纪末次冰川是海子山自然保护区旅游地学景观成景的主导因素。海子山自然保护区的旅游地学景观类型较丰富，组合完美，有 5 个"主类"，16 个"亚类"，40 个"基本类型"。核心资源品位高，规模大，但旅游资源的保护难度较大，旅游开发条件不容乐观。

(4)海子山自然保护区的地质遗迹景观分为 4 大类 18 亚类，其典型地质遗迹景观是稻城古冰帽地质遗迹景观。稻城古冰帽遗迹的特点是冰川堆碛地貌较为匮乏，冰川侵蚀地貌十分发育。冰川侵蚀地貌中又以磨蚀景观最为显著。与同类古冰帽遗迹相比，稻城海子山古冰帽地质遗迹位于中国青藏高原最东缘，是青藏高原东缘规模最大的古冰帽遗迹，在中国乃至亚洲极为少见。

(5)根据 NRPTEM 模式对海子山自然保护区进行实际运用，对十二大重要工程提出多项相应策略。

2. 进一步研究问题

受时间、资料、研究经费、研究手段以及本人能力等因素的限制，仍有几方面需要开展进一步的研究。

(1)研究区的地质遗迹，特别是古冰帽遗迹景观的系统性研究还有待加强，进一步研究核心地质遗迹景观的成景作用过程和影响因素。

(2)进一步研究研究区的湿地生态系统结构、景观类型、景观格局以及景观格局的动态及驱动力等。

(3)由于受时间的限制，海子山自然保护区尚处于保护性旅游开发的探索阶段。本书没有对海子山国家级自然保护区生态旅游的实际产生的经济效益、社会效益以及环境效益进行评价，也不能对模式的实施效果作进一步评价。

(4)由于标准没建立或不统一，本书没有将海子山自然保护区保护性旅游开发的资源基础、环境条件、周边社区等与其他自然保护区进行量化的对比分析，进而更加清晰地认识海子山自然保护区开展生态旅游的优劣势和开发意义。

需要说明的是，尽管本书是在野外实地调查以及参考大量文献的基础上，经过长时间的认真思考综合整理而成，在写作中试图采用兼顾自然科学和人文社会科学的表达方式，但由于本人的知识深度和广度极为有限，加之"旅游地学"这一研究方向本身尚处于开拓阶段，文中错误、不妥及疏漏之处仍然在所难免，还恳请各位专家、老师和同行批评指正。

参 考 文 献

[1] 环境保护部自然生态保护司. 全国自然保护区目录(2014)[M]. 北京：中国环境科学出版社，2015.

[2] 范弢，杨世瑜. 旅游地生态地质环境[M]. 北京：冶金工业出版社，2009.

[3] 宋瑞. 生态旅游：全球观点与中国实践[M]. 北京：中国水电水利出版社，2007.

[4] Oliver Kru Ger. The role of ecotourism in conservation：panacea or Pandora's box？[J]. Biodiversity and Conservation，2004，28(4)：1—22.

[5] 中国人与生物圈国家委员会. 自然保护区与生态旅游[M]，北京：中国科学技术出版社，1998：35—40.

[6] 中国网. http：//www. china. com. cn/news/env/2009—06/03/content_17881616. htm. 6月1日起武夷山国家级自然保护区停止大众旅游.

[7] 陈安泽. 开拓创新旅游地学20年——为纪念旅游地学研究会20周年而作[J]. 旅游学刊，2006，21(4)：77—83.

[8] 陈安泽，卢云亭，等. 旅游地学概论[M]. 北京：北京大学出版社，1991.

[9] 金波，蔡运龙. 西方国家旅游地理学进展[J]. 人文地理，2002，17(3)：34—39.

[10] 王嘉学，杨世瑜. 世界自然遗产保护中的旅游地质问题[M]. 北京：冶金工业出版社. 2007.

[11] 王嘉学. 三江并流世界自然遗产保护中的旅游地质问题研究[D]. 昆明理工大学博士学位论文，2005.

[12] 陈安泽，卢云亭. 旅游地学研究进展与展望见：八十年代中国地质科学[M]. 北京：北京科学技术出版社，1992：156.

[13] 叶张煌，郭福生，花明，朱骥. 旅游地学的研究概述[J]. 华东地质学院学报，2003，26(1)：54—59.

[14] 杨世瑜，吴志亮. 旅游地质学[M]. 天津：南开大学出版社，2006.

[15] 刘锋. 旅游地理学在中国的发展回顾[J]. 地理研究，1999，18(4)：434—442.

[16] 后立胜，许学工. 国家地质公园的内涵及其价值特征[J]. 地质技术经济管理，2004，26(1)：48—55.

[17] 赵逊，赵汀. 从地质遗迹的保护到世界地质公园的建立[J]. 地质论评，2003，49(4)：389—399.

[18] 王清利，常捷. 西峡国家地质公园的旅游开发[J]. 地质找矿论丛，2004，19(2)：139—142.

[19] 陆景冈. 旅游地质学[M]. 北京：中国环境科学出版社，2003.

[20] 辛建荣. 旅游地学原理[M]. 武汉：中国地质大学出版社，2006.

[21] 杨更. 九寨沟景观地质背景及成因研究[D]. 成都：成都理工大学，2005.

[22] 张瑞英. 3S技术支持下的九寨沟核心景区生态地质环境评价及演化趋势研究[D]. 成都：成都理工大学，2007.

[23] 吴晓颖. 九寨沟景区生态地质特征与可持续发展研究[D]. 成都：成都理工大学，2007.

[24] Andy Drumm，Alan Moore. An Introduction to Ecotourism Planning[OL]. http：//www. nature. org/aboutus/travel/ecoturismo/files/ecotourism_development_voll_eng_2nd_edition. pdf.

[25] Dr. Stefanos L Fotiou. Ecotourism and Protected Areas[OL]. http：//www. uneptie. org/PC/tourism/ecotourism/wes_portfolio/statmnts/pdfs/fogrce. PDF.

[26] Brandon K. Ecotourism and Conversation：A Review of Key Issues[M]. Washington，D. C.：The

World Band，2000.

［27］George S J Roman，Philip Dearden，Rick Rollins. Application of zoning and "limits of acceptable change" to manage snorkeling tourism［J］. Environ Manage，2007，39：819－830.

［28］Willard B E，Marr J W. Effects of human activities on alpine tundra ecosystems in Rocky Mountain National Park［J］. Colorado：Biology Conservation，1970，2：257－265.

［29］Liddle M J. A selective review of the ecological effects of human trampling on natural ecosystem［J］. Biology conservation，1975，7：17－36.

［30］Knight Richard L，David N Cole. Wildlife Responses to Recreationists［M］. Chapter 4 in Wildlife and Recreationists：Coexistence Through Management and Research. Richard L. Knight and Kevin J. Gutzwiller(eds). Washington D. C.，Island Press，1995.

［31］Lindberg K，Enriques J. An Analysis of Ecotourism's Economic Contribution to Conservation and Development in Belize［M］. Washington D. C.：World Wildlife fund，1994.

［32］William T Borrie，Stephen F McCool，George H Stankey. Protected Area Planning Principles and Strategies ［DB/OL］. http：//www. forestry. umt. edu/personnel/faculty/borrie/papers/ecotourism. htm. 8/16/2006.

［33］Fennell D，Eagles P F J. Ecotourism in Costa Rica：A Conceptual Framework［J］. Journal of Parks and Recreation Administration，1989，8(1)：23－34.

［34］白琳. 生态旅游与我国自然保护区的发展［J］. 云南大学人文科学学报，2000，26(2)：20－22.

［35］陈孝青，王定济. 自然保护区生态旅游发展的探讨［J］. 林业经济问题，2001，21(4)：216－218.

［36］王君，霍宝民. 自然保护区生态旅游可持续发展探讨［J］. 河南林业科技，2004，24(1)：23－24.

［37］魏遐. 我国自然保护区的旅游研究进展［J］. 水土保持研究，2005，12(4)：157－162.

［38］李寒娥. 自然保护区开展生态旅游方法探讨——建立生态旅游示范区［J］. 中国生物圈保护区，1997，1：19－22.

［39］孙根年. 我国自然保护区生态旅游业开发模式研究［J］. 资源科学，1998，20(6)：40－44.

［40］李正波. 自然保护区开展生态旅游的几点思考［J］. 保山师专学报，2000，19(4)：4－7.

［41］陈孝青. 自然保护区生态旅游开发与保护的关系［J］. 北京林业大学学报，2001，23(8)：73－74.

［42］李晟之. 小规模保护区旅游开发的选择——王朗自然保护区对生态旅游的探索［J］. 农村经济，2003，4(1)：30－34.

［43］宋秀杰，赵彤润. 松山自然保护区旅游开发的环境影响研究［J］. 环境科学，1977(3)：87－89.

［44］朱颜明，王宁. 长白山自然保护区旅游资源开发的生态环境影响及其保护［J］. 山地学报，1999(4)：71－73.

［45］文传浩，杨桂华. 自然保护区生态旅游环境承载力综合评价指标体系初步研究［J］. 农业环境保护，2002，18(4)：67－70.

［46］刘洋，吕一河，陈利顶，陈飞星. 自然保护区生态旅游影响评价：进展与启示［J］. 自然资源学报，2005，20(5)：771－779.

［47］韩同林. 青藏大冰盖［M］. 北京：地质出版社，1991.

［48］韩同林. 青藏高原第四纪大陆冰盖形成的野外证据［J］. 地质论评，1989，35(5)：469－477.

［49］郑本兴，马秋华. 川西稻城古冰帽的地貌特征与冰期探讨［J］. 冰川冻土，1995，17(1)：23－31.

［50］许刘兵，等. 稻城冰帽区更新世冰川测年研究［J］. 冰川冻土，2004，25(6)：528－532.

［51］李吉均，姚檀栋，冯兆东. 稻城古冰帽发育模式. 横断山考察专集(二)［M］. 北京：北京科学技术出版社，1986.

［52］孙治宇，等. 四川省海子山自然保护区大中型兽类多样性调查［J］. 兽类学报，2007，27(3)：274－279.

[53] 刘洋，等. 四川海子山自然保护区兽类资源调查初报[J]. 四川动物，2007，26(4)：846－851.

[54] 符建荣，等. 四川海子山自然保护区鸟类资源及区系[J]. 四川动物，2006，25(3)：501－508.

[55] 符建荣，等. 四川海子山自然保护区鸟类群落结构及多样性[J]. 四川林业科技，2005，26(6)：1－3.

[56] 张家辉，等. 海子山自然保护区种子植物区系组成分析[J]. 西南师范大学学报（自然科学版），2007，32(5)：118－123.

[57] IUCN(1994). Guide Lines for Protcted Area Management Categories. Gland，Switzerland and Cambrige，UK：IUCN Publication Services Unit.

[58] 国家林业局野生动植物保护与自然保护区管理司. 国家级自然保护区工作手册[M]. 北京：中国林业出版社，2008.

[59] 刘东来. 建立保护区经营类型系统促进我国保护区事业的发展[J]. 林业科学，1996，32(6)：553－563.

[60] 蒋明康，等. 基于IUCN保护区分类系统的中国自然保护区分类标准研究[J]. 农村生态环境，2004，20(2)：1－6.

[61] 王智，等. IUCN保护区分类系统与中国自然保护区分类标准的比较[J]. 农村生态环境，2004，20(2)：72－76.

[62] 国务院令第167号. 中华人民共和国自然保护区条例. 1994年10月9日.

[63] 谢焱，等. 中国的保护地[M]. 北京：清华大学出版社，2004.

[64] 马建章. 自然保护区学[M]. 哈尔滨：东北林业大学出版社，1992.

[65] 李剑源. 我国自然保护区发展中的问题与对策[J]. 江苏林业科技，2006，33(4)：50－53.

[66] 高红梅. 基于价值分析的我国自然保护区公共管理研究[D]. 哈尔滨：东北林业大学博士学位论文，2007.

[67] 王浩. 我国自然保护区可持续发展管理模式研究[D]. 南京：南京林业大学，2005.

[68] Alexander N James. Institutional constraints to protected area funding[J]. Parks，1999，2(19)：15－26.

[69] 韩念勇. 中国自然保护区可持续管理政策研究[J]. 自然资源学报，2007，15(3)：201－207.

[70] 欧阳志云，等. 我国自然保护区管理体制所面临的问题与对策探讨[J]. 科技导报，2001，5：49－52.

[71] 徐海根. 中国自然保护区经费政策探讨[J]. 农村生态环境，2001，17(1)：13－16.

[72] 高平，温亚利. 我国自然保护区周边社区贫困特征、成因及对策[J]. 农业现代化研究，2004，25(4)：255－257.

[73] Bishop K，Dudley N，Phillips A，et al. Speakinga common language uses and performnance of the IUCN system of managanent categories for protected areas Cardiff[J]. Cardiff Universtiy &The World Conservation Union & World Consemation Monitoring Centre，2004：10－43.

[74] Chape S，Blyth S，Fish I，et al. United Nations List of Protected Areas Gland[J]. Switzerland，2003，IUCN：1－44.

[75] 李文华. 当代生物资源保护的特点及面临的挑战[J]. 自然资源学报，1998，12(增刊)：2－8.

[76] 韩念勇. 中国自然保护区可持续管理政策研究[J]. 自然资源学报，2007，15(3)：201－207.

[77] 欧阳志云，等. 我国自然保护区管理体制所面临的问题与对策探讨[J]. 科技导报，2001，5：49－52.

[78] Hvenegaard G T，Dearden P. Ecotourism versus tourism in a Thai National Park[J]. Annals of Tourism Reaserch，1998，25(3)：700－720.

[79] Martha Honey. Ecotourism and Sustainable Development：Who Owns Paradise? [M]. Washington D. C.，Clvelo C. A.：Island Press，1999.

[80] 李正波. 自然保护区开展生态旅游的几点思考[J]. 保山师专学报，2002，19(4).

[81] 马勇，等. 旅游规划与开发[M]. 北京：高等教育出版社，2002.

[82] 孙业红. 农业文化遗产保护性开发模式研究——以青田 GIAHS 旅游资源开发为例[D]. 济南：山东师范大学，2007.

[83] 刘妍. 成都大熊猫繁育研究基地保护性旅游开发研究[D]. 成都：成都理工大学，2007.

[84] 崔国发. 自然保护区学当前应该解决的几个科学问题[J]. 北京林业大学学报，2004，26(6)：102
　　　—105.

[85] 张建萍. 生态旅游理论与实践[M]. 北京：中国旅游出版社，2001.

[86] 肖笃宁. 论当代景观科学的形成与发展[J]. 地理科学，1999，19(4)：379—384.

[87] 李晟之. 小规模：保护区旅游开发的选择——王朗自然保护区对生态旅游的探索[J]. 农村经济，
　　　2003，1：41—43

[88] 连玉銮. 生态旅游的"小众"模式管窥——从王朗等自然保护区的实践谈起[J]. 四川师范大学学报
　　　（社会科学版），2005，32(1)：35—40.

[89] 章小平，朱忠福. 九寨沟景区旅游环境容量研究[J]. 旅游学刊，2007，22(9)：50—57.

[90] 孙艳. 自然保护区旅游产品开发方式的变革——以九寨沟为例[J]. 理论与改革，2009，1：142
　　　—147.

[91] 印开浦，鄢和林. 生态旅游与可持续发展[M]. 成都：四川大学出版社，2003.

[92] 鄢和林，刘玲. 2003. 四川王朗自然保护区开发生态旅游模式研讨[J]. 国土资源科技管理，2003，
　　　3：36—39.

[93] 谢茹. 国家风景名胜区经营权研究[M]. 北京：人民出版社，2006.

[94] 张金泉. 国家公园运作的经济学分析[D]. 成都：四川大学，2006.

[95] 郭辉军. 云南国家公园建设试点调研报告[J]. 云南林业，2009，30(2)：24—25.

[96] 许志琴，等. 中国西南部松潘—甘孜中生代碰撞型造山带的薄壳构造及前陆逆冲系[J]. 中国地质科
　　　学院院报，1990，20：126—129.

[97] 侯增谦，等. "三江"义敦岛弧带玄武岩喷发序列与裂谷—岛弧转化[J]. 中国地质科学院院报，
　　　1993，26：49—67.

[98] 侯增谦，莫宣学. 义敦岛弧的形成演化及其对三江地区火山成因块状硫化物矿床的控制作用[J]. 地
　　　球科学，1991，16(2)：153—164.

[99] 黄仕华. 川西义敦地区中上三叠统内不整合的发现及意义[J]. 中国地质，2001，28(3)：13—15

[100] 刘朝基，等. 川东藏东特提斯地质[M]. 成都：西南交通大学出版社，1996.

[101] 四川省地矿局区域地质调查队. 稻城海子山冰川边缘地质调查与研究[R]. 2006.

[102] 周尚哲，李吉均. 冰期之青藏高原新研究[J]. 地质前缘，2001，8(1)：68—75.

[103] 许刘兵，周尚哲，等. 稻城古冰区更新世冰川测年研究[J]. 冰川冻土，2004，20(5)：528—534.

[104] 徐孝彬. 利用宇生同位素 10Be 对青藏高原东南部沙鲁里山第四纪冰期事件的研究[D]. 南京：南京
　　　师范大学，2004.

[105] 姚檀栋，冯兆东，李吉均. 稻城古冰帽的基本特征. 横断山考察专集（一）[M]. 北京：北京科学技
　　　术出版社，1983.

[106] 李吉均，等. 横断山冰川[M]. 北京：科学出版社，1996.

[107] 曹俊，赵友年. 川西沙鲁里山第四纪冰川及与邻区之对比[J]. 四川地质学报，2007，27(2)：81
　　　—86.

[108] 李同德. 地质公园规划概论[M]. 北京：中国建筑工业出版社，2008.

[109] 徐叔鹰. 唐古拉山的古冰川遗迹. 西藏冰川[M]. 北京：科学出版社，1986.

[110] 施雅风，等. 青藏高原中东部最大冰期时代高度与气候环境探讨[J]. 冰川冻土，1995，17(2)：97

—112.

[111] 焦克勤. 阿尼玛卿山现代冰川的基本特征. 中国地理学会第二届全国冰川学术会议论文选集[M]. 兰州：甘肃人民出版社，1987.

[112] 郑本兴，王苏民. 黄河源区的古冰川与古环境探讨[J]. 冰川冻土，1996，18(3)：210—218.

[113] 郑本兴，等. 青藏高原东北部若尔盖盆地周围高山第四纪冰川演变历史[C]. 见：青藏高原形成演化、环境变迁与生态系统研究学术论文年刊. 北京：科学出版社，1994.

[114] 赵新勇. 生态旅游对生态环境的负面影响及保护措施[J]. 中国林业企业，2005，70(1)：24—26.

[115] 文军，魏美才，唐代剑. 生态旅游的可持续发展研究[J]. 生态经济，2003，10：115—119.

[116] 万绪才，等. 自然保护区生态旅游开发与规划研究[J]. 农村生态环境，2004，20(3)：15—19.

[117] 方躬勇. 自然保护区旅游规划初步研究[D]. 长沙：中南林学院，2003.

[118] 唐永锋. 自然保护区生态旅游规划设计[D]. 杨凌：西北农林科技大学，2005.

[119] 国家林业局. GN/T20416—2006 自然保护区生态旅游规划技术规程[S]. 2006.

[120] 侯国林. 基于社区参与的湿地生态旅游可持续开发模式研究[D]. 南京：南京师范大学，2006.

[121] David Weaver, Laura Lawton. Overnight ecotourist market segmentation in the Gold Coast Hinterland of Australia[J]. Jouanal of Travel Reaearch, 2001.

[122] 杨明亮. 能力建设：一个具有重要意义的新概念[J]. 中国卫生法制，2006，14(2)：14—16.

[123] 靳乐山，等，中国自然保护区社区资源共同管理综述. 共管：从处突走向合作[M]. 北京：社会科学文献出版社，2006.

[124] Pomeroy R, Berkes F. Two to tango：the role of government in fisheries co-management[J]. Marine Policy，1997，21(5)：465—480.

[125] 徐会辉，祝怀心. 国际环境教育的理论与实践[M]. 北京：人民教育出版社，1996.

[126] 赵文超，张新兵，贾康胜. 浅谈自然保护区的环境教育[J]. 野生动物杂志，2006，27(3)：41—43.

[127] 薛建辉，张银龙. 自然保护区生态保护教育[M]. 北京：中国林业出版社，2001：100—101.

附　　录

附录 A　海子山自然保护区生态景观图

A-1　湖泊湿地景观

A-2　草地生态系统景观

A-3　森林生态系统景观

A-4　流石滩生态系统景观

附录 A 图片均由四川省地矿局区域地质调查队"稻城海子山冰川边缘地质调查与研究课题组"提供，一并致谢。

附录B　海子山自然保护区地质遗迹景观图

B-1　现代冰川景观

B-2　花岗岩节理构造

B-3　木楠哈石林

B-4　木楠哈峡谷

B-5　冰川擦痕

B-6　冰臼

附录 B　海子山自然保护区地质遗迹景观图

B-7　冰川 U 型谷

B-8　冰川侧碛堤

B-9　冰川终碛垄

B-10　风动石

B-11　兴伊措一角

B-12　羊背石

附录 C　2014 年全国各级地质遗迹类型自然保护区统计表

序号	保护区名称	行政区域	面积/hm²	主要保护对象	级别	始建时间	主管部门
1	蓟县中、上元古界地层剖面	天津市蓟县	900	中上元古界地质剖面	国家级	1984-10-18	环保
2	柳江盆地地质遗迹	河北省抚宁县	1395	标准地质剖面、典型地质构造等地质遗迹	国家级	1999-05-14	国土
3	泥河湾	河北省蔚县、阳原县	1015	新生代沉积地层	国家级	1997-02-18	国土
4	成山头海滨地貌	辽宁省大连市金州区	1350	地质遗迹及海滨喀斯特地貌	国家级	1989-04-01	环保
5	四平山门中生代火山	吉林省四平市铁东区	1062	中生代白垩纪流纹岩火山地貌	国家级	2000-09-18	国土
6	伊通火山群	吉林省伊通满族自治县	764.8	基性玄武岩"侵出式"火山地质遗迹和火山景观	国家级	1983-01-01	环保
7	靖宇	吉林省靖宇县	15038	火山群地质遗迹及火山型天然矿泉群	国家级	2002-11-29	国土
8	大布苏	吉林省乾安县	11000	地质遗迹、古生物遗迹、湿地生态系统及珍稀鸟类	国家级	1993-03-12	国土
9	五大连池	黑龙江省五大连池市	100800	火山地质遗迹及矿泉水资源	国家级	1980-03-29	国土
10	长兴地质遗迹	浙江省长兴县	275	全球二叠—三叠系界线层型剖面、长兴阶层型剖面及古生物化石	国家级	1980-03-14	国土
11	马山	山东省即墨市	774	柱状节理石柱、硅化木等地质遗迹	国家级	1993-01-13	环保
12	丹霞山	广东省仁化县	28000	丹霞地貌	国家级	1995-10-28	国土
13	火石寨丹霞地貌	宁夏西吉县	9795	丹霞地貌地质遗迹及自然人文景观	国家级	2002-12-16	国土
14	石花洞	北京市房山区	3650	岩溶洞穴	省级	2000-12-26	国土
15	朝阳寺木化石	北京延庆县	2050	硅化木地质遗迹	省级	1999-12-30	国土
16	小山火山	河北省海兴县	1381	火山地质遗迹	省级	2003-07-24	国土
17	七锅山—平顶山	内蒙古巴林左旗	10000	天然锅穴（冰臼群）	省级	1997-12-01	环保
18	赤峰青山地质遗迹	内蒙古克什克腾旗	9200	天然锅穴（冰臼群）	省级	1998-04-01	环保
19	脑木更古近系剖面遗迹	内蒙古四子王旗	10410	古近系地层剖面	省级	1997-05-01	国土

序号	保护区名称	行政区域	面积/hm²	主要保护对象	级别	始建时间	主管部门
20	滑石台	辽宁沈阳市东陵区、苏家屯区	260	"陨石"地质遗迹	省级	1996-09-18	国土
21	本溪地质遗迹	辽宁本溪市	1200.75	地质遗迹	省级	2001-03-17	环保
22	大阳岔	吉林白山市江源区	150	寒武纪奥陶系地层剖面	省级	1985-09-01	国土
23	承天氡泉	浙江泰顺县	2249	含氡硅氟复合型热矿泉	省级	1992-09-29	其他
24	常山黄泥塘"金钉子"	浙江常山县	2012	黄泥塘"金钉子"界线层型剖面及西阳山组、华严寺正层型剖面	省级	1983-08-01	国土
25	长清寒武纪地质遗迹	山东济南市长清区	262	寒武纪地层结构	省级	2001-04-29	国土
26	胶州艾山	山东胶州市	860	地质遗迹	省级	2001-10-24	住建
27	依岛	山东龙口市	85.49	火山岩砾石潮间带地质景观	省级	2008-09-01	其他
28	浮来山	山东莒县	490	震旦纪浮来山层型剖面、三叶虫化石带	省级	2001-11-29	国土
29	马谷山	山东无棣县	20	地质遗迹	省级	1999-10-01	国土
30	西陵峡东震旦纪地质剖面	湖北宜昌市夷陵区	300	震旦纪地质剖面	省级	1986-09-01	国土
31	通道万佛山	湖南通道侗族自治县	9435	丹霞地貌	省级	1998-10-25	环保
32	怀集桥头燕岩	广东怀集县	923	燕岩地质地貌及金丝燕栖息地	省级	2005-07-06	国土
33	潮安海蚀地貌	广东潮安县	405	古海蚀群和海蚀地貌	省级	1999-12-28	国土
34	海山海滩岩田	广东饶平县	2875	海滩岩田	省级	1997-07-12	国土
35	六景泥盆系地质	广西横县	5	泥盆系地质剖面	省级	1983-01-01	国土
36	南边村地质剖面	广西桂林市	25	泥盆—石炭系地质剖面	省级	1989-01-01	国土
37	北流大风门泥盆系	广西北流市	8	泥盆系地质剖面	省级	1983-01-01	国土
38	罗富泥盆系剖面	广西南丹县	12	泥盆系地质剖面	省级	1983-01-01	国土
39	大乐泥盘纪	广西象州县	12	泥盆系地质剖面	省级	1983-01-01	国土
40	小南海	重庆市黔江区	15000	地震遗迹	省级	1999-03-01	环保
41	天坑地缝	重庆奉节县	25819.3	地质遗迹	省级	1998-12-10	环保
42	梅树村剖面	云南晋宁县	58	中国震旦系寒武系界线层型剖面	省级	1989-03-06	环保
43	广南八宝	云南广南县	5232	河谷峰丛峰林及岩溶地貌	省级	2002-05-13	环保
44	日喀则群让	西藏江孜县	140	群让枕状熔岩地质景观	省级	1999-01-01	国土

序号	保护区名称	行政区域	面积/hm²	主要保护对象	级别	始建时间	主管部门
45	搭格架喷泉群	西藏昂仁县、萨嘎县	400	地热喷泉群	省级	1999－01－01	国土
46	札达土林	西藏札达县、噶尔县、普兰县	560000	土林	省级	1999－01－01	国土
47	黄龙铺－石门小秦岭元古界剖面	陕西洛南县、蓝田县	2000	远古界岩相地质剖面	省级	1987－09－23	国土
48	东秦岭泥盆系岩相剖面	陕西柞水县、镇安县	25	泥盆系地质剖面	省级	1990－11－01	国土
49	黄河石林	甘肃景泰县	3040	石林地貌	省级	2001－03－05	国土
50	敦煌雅丹	甘肃敦煌市	39840	雅丹地貌	省级	2001－06－29	国土
51	石峡沟泥盆系剖面	宁夏中宁县	4500	泥盆系、古近系地质剖面及古生物群	省级	1990－02－28	国土
52	兴和地层剖面	内蒙古兴和县	1200	太古地质剖面地质遗迹	市级	2000－11－06	国土
53	乌兰哈达5号火山锥	内蒙古察哈尔右翼后旗	200	火山地质地貌	市级	2000－11－06	国土
54	金石滩	辽宁省大连市金州区	3960	地质遗迹	市级	1986－03－01	其他
55	本溪地质遗迹市级	辽宁省本溪市	4676	地质遗迹	市级	2004－05－01	环保
56	雨花台	南京市雨花台区	0.33	地质剖面	市级	1984－12－06	国土
57	平海海滩岩、沙丘岩	福建省莆田市秀屿区	20	海滩岩、沙丘岩	市级	1995－03－31	国土
58	泗水泉林水体	山东省泗水县	12400	矿泉水资源	市级	1987－04－30	其他
59	隐水洞	安徽通山县	250	岩溶景观	市级	2002－01－01	国土
60	梭步垭石林	安徽恩施市	1000	岩溶景观	市级	2000－01－01	国土
61	湖光岩	广东湛江市经济技术开发区、麻章区	470	火山口遗迹	市级	2000－09－01	国土
62	元谋土林	云南元谋县	1992	土林地质遗迹	市级	2000－05－01	住建
63	南涧土林	云南南涧彝族自治县	500	地质地貌景观	市级	1988－07－15	林业
64	赤峰红山	内蒙赤峰市红山区	1271.23	红山岩体及古文化遗址	县级	1997－11－12	林业
65	热水地热资源	内蒙古宁城县	200	地热资源	县级	1996－12－31	环保
66	中水塘温泉	内蒙古凉城县	53	地热温泉	县级	1999－01－01	国土
67	乌兰哈达3号火山锥	内蒙古察哈尔右翼后旗	155	火山地质地貌	县级	2000－06－01	环保

续表

序号	保护区名称	行政区域	面积 /hm²	主要保护对象	级别	始建时间	主管部门
68	红格尔敖德其沟	内蒙古四子王旗	1000	花岗岩地貌	县级	2002-11-20	国土
69	乌兰哈达花岗岩地貌	四子王旗	2500	花岗岩地貌	县级	2002-11-20	国土
70	阿尔山石塘林—天池	内蒙古阿尔山市	34493	火山熔岩地貌为	县级	1997-12-24	环保
71	大通河	黑龙江通河县	300	地质遗迹	县级	2004-11-01	林业
72	宝山玛瑙	黑龙江逊克县	1352	玛瑙石	县级	1986-07-06	环保
73	沾河	黑龙江逊克县	2904	火山遗迹及野生动植物	县级	2001-11-23	林业
74	花岙岛	浙江象山县	5490	海蚀地貌、卵石滩及沙滩	县级	2002-06-12	其他
75	象山红岩	浙江象山县	460	海蚀地貌、卵石滩及沙滩	县级	2002-06-12	其他
76	洈水溶洞温泉地质遗迹	湖北松滋市	1000	溶洞、温泉自然景观	县级	2001-09-13	国土
77	木子圩岩洞	湖南祁阳县	13	岩洞	县级	1987-11-03	其他
78	羊角塘岩洞	湖南祁阳县	1800	岩洞群	县级	1991-07-18	其他
79	火岩	湖南龙山县	141	溶洞群	县级	1987-05-01	其他
80	西樵山	佛山市南海区	800	火山地貌	县级	2002-12-01	其他
81	彭州飞来峰	四川彭州市	7040	冰川漂砾	县级	1999-04-02	环保
82	彭州飞来峰	四川彭州市	7040	冰川漂砾	县级	1999-04-02	环保
83	陆良彩色沙林	云南陆良县	5280	彩色沙林地貌景观	县级	2000-09-11	其他
84	腾冲地热火山	云南腾冲县	12990	地热火山等自然景观	县级	2000-03-01	环保